KB159032

플러스 20년

플러스 20년

평균수명보다 20년 더 사는 시대

생존이 아닌 웰빙을
존버가 아닌 누림의 시간을

윤태익 지음

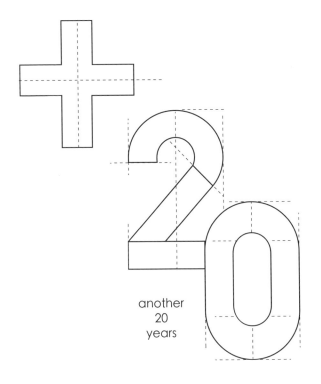

another
20
years

THE NAN
더 난 콘텐츠

20년을 더 살 수 있다면 무엇을 할까?

나는 A회사로부터 미래 준비 강연을 해달라는 요청을 받고 전국 순회 강연을 하고 있다. 얼떨결에 준비한 강의를 하면 할수록 "이거 진짜 중요한 거구나"라는 생각이 점점 굳어지면서 강의의 깊이가 더해 갔다. 많은 사람들이 공감하고 눈시울을 붉히면서 내 강의를 듣는다. 창원에서 있을 강의를 위해 김포공항에서 탑승 대기를 하고 있는데 핸드폰 진동이 울렸다.

"윤태익 씨 핸드폰 맞습니까?"

"네."

"여기 광주 북부경찰서인데요. 윤진형 씨라고 아십니까?"

"네, 제 동생인데요."

"그분이 사망하셨습니다."

"……."

"죽었다구요?"

그랬다. 내 동생이 죽었다. 그것도 고독사로. 숨이 잠시 멎고 머릿속은 백지 상태였다. 손발 두 다리가 떨려왔다. 비행기 탑승 안내 방송이 들리자 간신히 몸을 일으켜 비행기에 몸을 실었다. 아무 생각이 없었다. 정신도 없었다. 어디 물어볼 곳도 없었다. 비행기 안에서 부모님 생각이 떠올랐다. 부모님이 세상에 남겨둔 자식 또 하나가 세상을 등졌다. 남자 4형제 중 막내였다. 네 형제 사진에서 중학생 교복을 입은 내가 안고 있던 바로 그 막내가 외지에서 횡사한 것이다.

둘째 동생이 2년 전 코로나19 기간에 암으로 세상을 떠났을 때 안양 장례식장이 떠나가도록 통곡하고 몸부림치면서 울어대던 바로 그 동생. 막냇동생을 본 마지막 장면이었다.

비행기가 털거덕 소리를 내면서 김해공항에 내려앉을 때 정신을 차렸다. 공항을 빠져나오는데 두 다리는 힘이 풀려 있었다. 걷기조차 힘든 상황이었다.

그래도 사전에 약속된 강의는 하고 다시 생각하자며 정신을 차렸다.

"택시 기사님, 창원으로 가시죠."

강의를 할 수 있을까 반신반의하면서 강의 장소에 도착했다. 울컥울컥 올라오는 감정을 억누르면서 여느 때와 같이 활기차게 웃으며 강의했다. 미래 준비 강의를 하면서 이것이 내 일이 될 줄은 정말 몰랐다. 노인 빈곤율, 노인 자살률 1위 얘기를 할 때마다 마음이 덜컹거렸다. 돈이 없어 질병에 시달리다 스스로 소중한 생명의 전원을 내리는 그 영혼들이 느껴졌다. 오죽하면 그랬을까? 누굴 위해서 자기 생명의 스위치를 스스로 차단했을까?

돈 때문에 내 아버지의 생명을 포기한 얘기를 할 때면 많은 분들이 눈물을 흘린다. 그들은 왜 울까? 미래 준비를 위해 건강을 꼭 챙겨야 한다고 말하는 대목에서 나는 동생 얘기를 한다. 둘째 동생은 건강을 잘 지켜내지 못해서 암으로 죽었고, 셋째 동생은 뇌출혈로 쓰러져 두 발로 서보는 것이 인생의 목표가 되었다. 간절한 마음으로 건강할 때 돈도 건강도 사람도 잘 챙기라고 간신히 강의를 마무리했다. 그러다 나도 모르게 입에서 이런 말이 터져 나왔다.

"오늘 제 막냇동생이 죽었다는 연락을 받고 여기에 왔습니다. 여러분의 호응 덕분에 강의를 잘 마쳤습니다. 여러분, 도와주셔서 감사합니다."

미래 준비를 제대로 하지 못한 동생 셋 중 둘은 세상을 떠났고, 하나는 사경을 헤매고 있다. 나만 멀쩡하게 살아 있다는 게 부모님께 죄스럽다. 주변 사람들은 내게 말한다. 부러울 게 하나도 없는 사람 같다고. 아니다. 나도 고통스럽다.

미래 준비 강의를 하면서 내 마음에서부터 호소하고 싶은 말이 있다.

"여러분, 100세 시대에 미래 준비를 꼭 하세요."

"그냥 살다 보면 '어떻게 되겠지' 하지 마시고, '아차' 하고 뒤늦게 후회하지 마시고, '돈, 건강, 사람' 미리미리 꼭 챙기세요."

"여러분은 소중한 영혼이기 때문입니다."

내 부모와 형제 이야기를 하면서, 온몸으로 살아오고 겪은 얘기를 하면서 눈시울을 붉히는 것은 우리가 전 세계에서 노인들이 가장 가난한 나라에 살고 있기 때문이다. 노후 빈곤, 노후 파산, 노후 자살 쓰나미가 몰려오는 것이 온몸으로 느껴진다.

미래 준비를 제대로 하지 않으면 노후에 엄청난 후회와 끔찍한 사건이 일어나니 안타까운 마음에서 미리미리 챙기고 준비하자는 것이다. 세상의 변화에 어떻게 적응해나갈지 곰곰이 같이 고민해보고 해결해나가자고 하는 것이다. 왜냐하면 단한 번 사는 우리 인생이 너무 소중하고 귀하기 때문이다.

이 책을 통해 간절히 하고 싶은 말이 있다.

1. 아무리 힘들고 어렵더라도 스스로 목숨을 끊는 일은 절대 하지 말라는 것이다. 신도 구제할 수 없는 것이니, 스스로 목숨을 거두는 일만은 절대 하지 말자.

2. 100세 시대는 재앙이 아니고 축복이자 신이 주신 선물이다. 내 영혼이 성장할 수 있는 시간과 기회가 더 주어진 것이니 은혜로 여기며 감사하고 인생을 맘껏 즐기자. 선물과 축복을 받았다면 은혜를 갚기 위해서라도 더 성장해서 보답해야 한다.

3. 신은 우리에게 자유 의지를 줬으니 인생 게임을 잘해보자. 인생은 게임이고, 게임은 즐겁고 재밌어야 한다. 더 재밌게 놀고 즐기라고 시간을 더 주었으니 여한 없이 웃는 얼굴로 돌아가자.

인생 게임에 적응할 준비만 잘하면, 100세 시대는 새로운 기회이자 설렘이다. 아직도 늦지 않았다. 제2의 인생을 디자인해보자. 지금부터 100세 인생을 위해 차근차근 할 수 있는 것부터 시작해보자.

젊은 세대들도 지금부터 준비하자. 어둡고 칙칙하고 두려움에 떠는 것이 아니라, 축복이고 선물이라는 사실에 중점을 두고 새로운 꿈과 용기, 희망을 가지기 바란다. 이 책이 누군가에게 '생명의 전화', '희망의 전화' 한 통이 된다면 더 바랄 것이 없다.

윤태익

차례

PART 1
PEOPLE_인생에서 절대 놓치지 말아야 할 것

PART 2

MONEY_품격 있는 인생은 얼마인가?

PART 5

LEARNING_러닝휴먼이 머신러닝을 이긴다

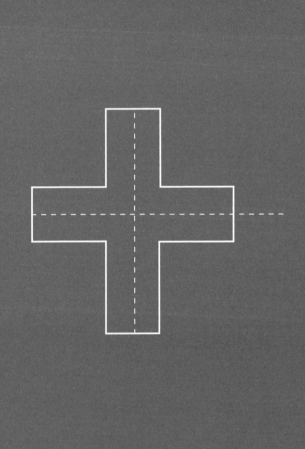

PART 1   PEOPLE

인생에서 절대
놓치지 말아야 할 것

인생의 가을을
살아가고 있는 지금

누가 뭐라고 해도 이 세상의 주인공은 바로 '나'다. 내가 궁극적으로 추구하는 것은 하고 싶은 일을 하며 행복하게 잘 살다가 아무런 미련이나 후회 없이 이 세상을 떠나는 것이다. 하지만 내 뜻대로 되지 않는 것이 세상이다. 무엇보다 미래는 알 수 없다. 자신의 앞날은 누구도 예측할 수 없기에 두렵고 불안하기 마련이다.

더구나 지금은 100세 시대이다. 우리 인생을 사계절로 나눠보면 75세까지 '가을 인생'이다. 그렇다면 그다음 긴 겨울을 어떻게 보낼 것인가? 우리가 하는 일에는 빠를수록 좋은 것이 있고, 늦을수록 좋은 것도 있다. 긴 인생의 준비는 빠를수록 좋다. 늦어도 4050세대는 자신의 미래를 지금부터 철저히 준비해야 한다.

인생 준비는 일반적으로 5단계로 이루어진다. 입시 준비, 입사 준비, 퇴사 준비, 은퇴 준비, 미래 준비다. 4050세대라면 퇴사와 은퇴 준비를 시작해야 할 나이다. 공식적으로 알려진 평균 은퇴 나이는 57세이며 정년퇴직은 62세다.

하지만 실질적인 퇴직 나이는 평균 49.3세다. 50% 이상이 내가 원하지 않아도 여러 가지 외적인 이유들로 직장을 그만 둬야 한다. 평균적으로 50세에 반강제로 직장을 그만두고 생활비를 벌기 위해 무엇인가 일을 계속해야 하는 사람이 60%가 넘는다. 따라서 일을 완전히 그만두는 나이는 72.3세라고 한다.

건강도 차츰 나빠지는 50세 이상은 절대적으로 돈이 필요한 시기다. 자녀 교육비도 한창 많이 들어가고, 자녀 결혼도 다가오는 데다 노부모도 부양해야 한다. 흔히 '낀 세대', 부모와 자녀까지 위아래를 모두 보살펴야 하는 세대이다.

요즘 젊은 세대들은 부모가 경제적 능력이 떨어졌을 때 자신들이 보살피겠다는 생각이 부모 세대만큼 강하지 않다. 그리하여 요즘 70세가 넘은 노인들은 경제적 빈곤과 외로움에 시달리며 '빨리 죽어야지' 하고 한탄한다. 이를 견디지 못하고 스스로 생명을 포기하는 노인들이 많은데, 이러한 노인 자살은 남자가 여자보다 3.6배나 더 높다. 여성들은 그래도 혼자 잘 견뎌나가지만 남자들은 경제적 고통과 외로움을 견디기 어렵다.

KBS 조사에 따르면 노인 자살의 가장 큰 이유는 경제적 어려움이고 그다음으로 건강 문제, 부부 또는 자녀와 갈등, 외로움이다. 지금의 4050세대에게는 언제 일을 그만두게 될지 모르는 현실이 결코 남의 일이 아니다. 세월은 빠르게 흘러간다. 눈 깜짝할 사이에 노인이 된다. 지금 미래를 준비하지 않으면 안 된다.

여러 자료에 따르면 4050세대를 기준으로 퇴직하거나 은퇴한 부부의 적정 생활비는 평균 312만 원(2020년 기준)이라고 한다. 최소 생활비만 평균 227만 원이 필요하다는 것이다. 자녀 교육에 필요한 돈이 약 7천만 원, 자녀를 결혼시키려면 약 1억 원이 필요하다고 한다. 그런데 어떤 이유로든 퇴직하거나 은퇴하고 나면 수입도 3분의 1로 줄어들어 평균 연 2,700만 원에 불과하다. 60대 부부가 은퇴하고 나서 수십 년을 더 산다면 약 10억 원이 필요하다. 그렇다면 어떻게 미래를 대비할 것인가? 미래를 위한 준비로 크게 3가지, 즉 'RMH'를 강조한다.

1. Relation Plan

인간관계의 중요성은 수없이 강조해도 지나치지 않다. 행복의 조건은 돈도 명예도 아니고 '관계'이다.

최근 일본에서는 실버타운에서 살다가 집으로 돌아온 어느 할머니의 일기가 공개돼 큰 화제가 되었다. 혼자 살게 된 80세 이상의 노인들이 입주해서 말년을 보내는 실버타운은 삭막하기 이를 데 없다는 지적과 함께 실태를 낱낱이 밝히고 있다. 80세가 넘으면 친구를 사귀기가 어려워 모두 외로움에 시달리고 있으며 자녀들도 찾아오지 않고, 노인들을 위한 각종 편의시설도 선전에 불과할 뿐 쓸모 없다는 것이다. 80세가 넘어 운전도 못하고 거동조차 불편한데 헬스센터나 수영장이 무슨 필요가 있냐는 것이다.

그보다 더 눈길을 끈 것은 요즘 노인 좀도둑이 늘어나고 있다는 것이었다. 노인들이 슈퍼마켓이나 편의점에서 갖가지 물품들을 훔치는데 놀랍게도 교도소에 가기 위해 일부러 허술하게 도둑질을 한다는 것이다. 감옥에 들어가면 여러 사람들이 한 방에서 생활하니 외롭지 않고 운동하는 시간도 있어서 건강에 좋다는 이유였다. 노인들이 얼마나 외로우면 일부러 교도소에 가려고 할까? 나이가 들수록 외롭지 않으려면 친구가 있어야 한다. 삶의 희로애락을 함께하는 친구가 있어야 마음이 든든하고 즐겁고 행복하다.

2. Money Plan

지난날 우리 부모들은 부모를 부양하면서 자녀들을 위해

평생을 헌신했다. 자식들에게 가난을 물려주지 않기 위해서였다. 그러한 전통이 아직도 남아 있어서 자녀들을 과잉보호하며 교육은 물론 결혼 비용과 주택 마련, 사업 자금, 심지어 생활비까지 지원하는 중년의 부모들이 많다.

지금 우리는 예전과 완전히 다른 세상에 살고 있다. 이모도 없고, 고모도 없고, 사촌도 없는 세상이라고 한다. 모두 자기 살기에 바쁜 철저한 개인주의 시대다. 자녀들도 결코 예외가 아니다. 부모가 곤경에 빠져도 도움을 주지 않는다. 경제적 어려움이라면 더욱 그렇다.

이제는 자녀와 경제적 탯줄을 과감하게 끊어야 한다. 나이 들어서 자녀에게 기댈 수 있다는 생각은 부질없는 망상에 불과하다. 자녀들은 스스로 알아서 잘 살도록 내버려두고 부부를 중심으로 노후 자금을 비롯한 대책을 세워야 한다.

3. Health Plan

중년을 넘어서면 건강이 빠르게 나빠진다. 노화가 진행된 탓도 있지만, 과로와 만성피로, 온갖 스트레스도 큰 요인으로 작용한다. 더구나 각종 오염물질, 황사를 비롯한 나쁜 공기 등 열악한 환경도 영향을 미친다. 그래서 각종 암도 주로 이 시기에 발병한다.

중년을 넘어서면 누구나 건강에 관심을 가지고 나름대로

운동에 최선을 다하지만 한번 나빠진 건강은 좀처럼 회복하기 힘들다. 특히 저산소, 저체온에 신경 써야 한다. 내 경험으로는 단전호흡이 도움된다. 식이요법도 반드시 실천해야 한다.

행복을 결정하는
뜻밖의 한 가지

행복의 조건은 흔히 부 (富)와 명예라고 하지만 그보다 중요한 것이 '관계'다. 나를 중심으로 형성되는 인간관계는 다양하지만 무엇보다 소중한 관계는 '친구'이다. 진정한 친구가 있느냐 없느냐에 따라 삶이 달라진다.

미국의 명문 하버드대학교 연구팀은 1938년부터 2023년까지 무려 85년 동안 하버드 대학생들과 보스턴의 빈민가 청년들을 대상으로 인간관계를 추적해왔다. 그 결과 "인생에서 가장 중요한 한 가지는 따뜻하고 의지할 수 있는 인간관계"라고 결론지었다.

또한 교육 수준은 행복을 결정하는 요인과 관계없다고 한다. 행복하고 건강한 노인들은 예외 없이 다른 사람들과 질

좋은 관계를 맺고 있으며, 노인들의 외로움이나 고립은 음주 흡연보다 더 건강에 해롭다고 한다. 특히 막연히 알고 지내는 사람이 아니라 서로 아무런 흉허물 없이 지내는 친구가 필요하다.

최근 대만에서는 베스트셀러 작가 우뤄취안(吳若權)이 쓴 ≪우리는 그렇게 혼자가 된다≫가 큰 인기를 끌고 있다. 웹 영화까지 나와서 많은 사람들의 공감을 샀다. 책의 내용은 다음과 같다.

산속에서 혼자 사는 노인이 있다. 그에게는 4명의 자녀가 있는데 대학 교수, 사업가 등 모두 성공한 인생을 살고 있었다. 어느 날 멀리 떨어져 사는 아들이 손주와 함께 노인을 찾아오겠다고 연락했다. 외롭고 쓸쓸하게 혼자 살고 있던 노인은 너무 기뻐서 어쩔 줄을 몰랐다. 노인은 모처럼 찾아오는 아들과 손주를 대접하기 위해 갖가지 음식을 만들어 정성껏 식탁을 차렸다.

그런데 아들이 갑자기 사정이 생겨 못 온다는 연락을 해왔다. 갖가지 음식들로 가득 채워진 식탁 앞에서 노인은 난감했다. 그는 친구들을 불러 함께 식사하려고 누렇게 낡은 수첩을 한 장씩 넘기기 시작했다. 그러나 아무리 살펴봐도 초대할 친구가 없었다.

노인은 다채로운 음식들로 가득한 식탁 앞에서 쓸쓸하게
혼자 식사해야 했다. 그리고 작가는 질문을 던진다.
"인생의 마지막 20년을 함께할 친구가 있습니까?"

오늘날 노인들의 실상을 그린 무척 서글픈 이야기다. 아버지에 대한 배려가 부족했던 아들도 문제이지만 함께 식사할 친구가 없다는 것이 더욱 서글프다. 아마 많은 노인들이 그와 같을 것이다. 부부는 평생의 반려자이며 친구는 인생의 동반자라고 했다.

"빨리 가려면 혼자서 가고, 멀리 가려면 함께 가라"는 아프리카 속담이 있다. 인생은 멀리 가야 하는 길이다. 함께 갈 수 있는 동반자, 즉 친구가 없다면 얼마나 외롭고 힘들겠는가? 나이가 많아질수록 친구가 점점 사라진다. 왜 그럴까?

어릴 때 함께 자란 이웃의 죽마고우부터 고향 친구, 학교 친구, 사회생활을 하며 인연을 맺은 친구 등 많은 친구들이 있었는데 왜 모두 내 곁을 떠났는가?

여러 가지 이유가 있다. 나이가 들면서 먼저 세상을 떠난 친구도 있고, 서로 사는 환경이 크게 달라 차츰 멀어진 친구도 있기 마련이다. 해외에 거주하는 친구도 있다. 살아가는 환경이 다르면 공통 관심사가 별로 없기에 차츰 멀어질 수밖에 없다. 그렇게 친구가 하나씩 줄어든다. 중학생 때까지만 해도 둘도 없는 단짝 친구였는데 지금은 어디 사는지, 뭘 하는지, 죽었는지 살아 있는지조차 알 수 없는 그리운 친구들도 있다.

더구나 나이가 들면 새로운 친구를 사귀기가 매우 어렵다. 새로운 관계를 좀처럼 받아들이려 하지 않는다. 서로 인사하고 알고 지내더라도 진정한 친구로 인연을 맺기 어렵다. 이처럼 나이가 많아질수록 친구가 줄어드는 것은 어쩔 수 없는 현실이다.

물론 학연으로 맺어진 친구들이 있다. 수백 명의 고등학교 동창과 수십 명의 같은 학과 동기가 있다. 하지만 동창생이라고 해서 모두 친한 것도 아니고 모두 만나는 것도 아니다. 각급 학교 동창회, 동문회 등에서 많은 동창들이 모이기도 하지만, 그 가운데 학교 다닐 때부터 특별히 가까웠던 몇몇 친구들이 자주 만난다. 그 동창들은 적어도 몇십 년 된 친구들이다. 하지만 정신적으로 서로 돕고 의지하는 진정한 친구는 드물 것이다.

그러고 보면 노인들에게는 진정한 친구가 거의 없다. 진짜 친구가 세 사람만 있으면 부러울 게 없다고 하지만, 진정한 친구 셋을 가지기가 어렵다. 그래서 더욱 외롭다.

영국의 명문 케임브리지대학에서도 오래 사는 노인과 일찍 세상을 떠난 노인의 차이점을 연구했다. 오랜 조사 끝에 흡연, 경제적 문제, 사회적 지위, 직업 등이 아니라 역시 인간 관계라는 결론을 얻었다. 건강하고 오래 사는 노인들의 공통점은 진정한 친구가 있다는 것이었다. 친구가 없으면 갖가지 스트레스가 많아 쉽게 병에 걸리고, 노화도 빨라서 평균적으로 더 빨리 죽는다고 한다.

그렇다면 어찌해야 할까? 중년이든 노년이든, 진정한 친구들이 줄어들고 사라지고 있다면, 힘들더라도 새로운 인연을 만들고 친구를 사귀어야 한다. 새로운 친구와 인연을 맺는 것에 어떤 조건이나 기준이 있어서는 안 된다.

인연을 맺고 싶은 사람들이 있다.

잘난 사람보다 따뜻한 사람

멋진 사람보다 다정한 사람

똑똑한 사람보다 친절한 사람

훌륭한 사람보다 편안한 사람

대단한 사람보다 마음을 읽어주는 사람

말 잘하는 사람보다 말을 잘 들어주는 사람

겉모습이 화려한 사람보다 마음이 고운 사람

모두 갖춰 부담스러운 사람보다 조금 부족해도 내 편인 사람

그렇다. 인간이 누리는 복(福) 가운데 가장 큰 복은 만남의

복이다. 인연이 시작되는 것은 운명이지만 이어가는 것은 노력이다. 나는 강연을 마치거나 상담한 후에 저자 사인을 해달라고 요청하면 한결같이 나비 그림을 그려주고 그 밑에 "만남의 인연에 감+사드립니다"라고 적는다.

멀리서도 나를 만나려고 찾아오는 친구가 있다면 행복한 사람이다. 새로운 친구를 사귀려고 노력해도 쉽게 이뤄지지 않는 경우가 더 많다. 인연을 맺으려고 노력하는 것만으로도 고립감이나 외로움을 잊을 수 있다.

1천만 원보다
1만 원이 더 감사한 순간

강의할 때 가장 중요하게 생각하는 것이 바로 '3감'이다. 강사들을 양성할 때나 인간관계를 잘하기 위한 비결로 '3감'을 강조한다. '3감(三感)'이란 '감탄, 감동, 감사'를 말한다.

세상은 갈수록 각박하고 메마르고 살벌하다. 뉴스를 보면 온통 나쁜 소식, 끔찍한 소식들로 가득하다. 온정이나 미담과 같은 따뜻한 소식은 찾아보기 어렵다. 넷플릭스 드라마 〈성난 사람들〉에 나오는 대사 한마디가 잊혀지지 않는다.

"누구나 마음속에 폭탄이 있다."

정말 그렇다. 모든 사람들이 폭탄과도 같다. 언제 터질지 몰라 불안하고 무섭다. 이럴 때일수록 우리 사회에 감탄할 일, 감동받을 일, 감사할 일들이 많아지고 모든 사람의 마음이 넉넉해졌으면 하는 바람이다.

감탄, 감동, 감사가 없다는 것은 우리의 감정이 메말랐다는 얘기다. 감정이 메마르면 가시가 돋는다. 가시가 돋은 나무는 굵게 자라지 않아 거의 쓸모가 없다. 가시가 없어야 나무가 굵고 크게 자라 재목이 된다.

> 가시는 사람이나 동물을 찔러 상처만 입힐 뿐이다.
> 많은 사람들의 몸에 가시가 돋쳐 있는 것 같다.
> 몸뿐 아니라 내뱉는 말에도 가시가 있다.
> 가시 돋친 말을 하면 다툼이 벌어지고 큰 싸움으로 발전한다.

마음이 넉넉하고 여유로워야 감탄할 일, 감동받을 일도 생긴다. 또한 그런 마음을 지녀야 남들이 감탄할 일도 하고 감동받을 일도 할 수 있다. 그러면 각박하고 살벌한 우리 사회도 차츰 따뜻해질 것이다.

내가 제일 좋아하는 물(水)은 정해진 모양이 없다. 담는 그릇에 따라 물의 모양이 달라진다. 사각형 그릇에 담으면 물의 모양도 사각형이 되고, 둥근 그릇에 담으면 물의 모양도 둥글다. 그처럼 우리가 어떤 행동을 하느냐에 따라 우리가 살아가는 사회의 모습도 달라진다. 작은 물방울이 모여 냇물이 되고, 강이 되고, 바다가 되듯이, 감탄을 자아내고 감동을 주는 저마다의 작은 행동 하나가 마침내 사회를 변화시킬 수 있다.

'감사합니다'는 우리가 일상적으로 사용하는 말이다. 하지만 그저 말버릇이 아니라 진심으로 모든 것들에 감사하는 것이 중요하다. 유대인들의 교육 지침서 ≪탈무드≫에는 "이 세상에서 가장 행복한 사람은 지금 이 모습 그대로 감사하며 사는 사람이다"라는 구절이 나온다. 노벨문학상을 받은 인도의 시성(詩聖) 타고르(R. Tagore)는 "감사의 분량이 곧 행복의 분량이다"라고 했다. 그리스 철학자 아리스토텔레스도 "행복은 감사하는 사람의 것이다"라고 했다.

미국 조지아주의 가난한 어린이들이 다니는 어느 시골 학교에 피아노가 없었다. 그 학교의 여자 선생님은 고심하던 끝에 당시 미국 최고의 부자였던 자동차왕 헨리 포드에게 편지를 썼다. 자초지종을 설명하고 1천 달러만 기부해주면 정말 감사하겠다는 간곡한 내용이었다.

얼마 후 헨리 포드로부터 성금이 전달됐는데, 1천 달러가 아니라 겨우 10센트였다. 헨리 포드는 나름대로 이유가 있었다. 수많은 기관과 단체들이 그에게 후원을 요청했고 그때마다 후원금을 보내줬지만 감사하다는 말을 전하는 사람이 없어서 몹시 불쾌했다.

겨우 10센트를 받은 시골 학교 선생님은 그 돈으로 땅콩을 사서 학교 운동장 한쪽 구석에 심었다. 그리고 몇 개월 뒤

얼마 되지는 않지만 땅콩을 수확해서 팔아 돈을 모았다. 선생님은 그 수익금의 일부를 감사의 편지와 함께 헨리 포드에게 보냈다.

5년 뒤에는 땅콩 판 돈 1천 달러를 모아서 피아노를 살 수 있었다. 선생님은 다시 헨리 포드에게 감사의 편지를 보내 그러한 소식을 전했다. 편지를 받은 헨리 포드는 크게 기뻐하며 선생님이 처음에 도움을 요청했던 1천 달러보다 10배 많은 1만 달러를 편지와 함께 보냈다.

"나는 당신에게 돈을 보내는 것이 아니라 내 마음을 보냅니다. 나는 당신에게 큰 감동을 받았습니다."

그렇다. 감동은 감동을 낳고 감사는 감사를 낳는다. 선생님도 행복했을 것이며 헨리 포드도 그 순간 행복했을 것이다. 행복해서 감사한 것이 아니라 감사해서 행복한 것이다. 아무리 작은 것이라도 진심으로 감사하면 행복을 느낄 수 있다. 역시 타고르의 말처럼 "감사의 분량이 행복의 분량"이며, 아리스토텔레스가 말했듯이 "행복은 감사하는 사람의 것"이다. 그래서 내가 가장 좋아하는 물에 '감+사합니다'라고 말하면 아름답고 영롱한 육각수가 생기는 것이다.

비 오는 날
우산을 받쳐줄 사람들

'같이'와 '가치'는 발음이 거의 똑같다. '같이'는 '여럿이 더불어, 함께'를 뜻하는 부사이고, '가치(價值)'는 대상이 인간과의 관계에 의하여 지니게 되는 중요성을 나타내는 명사이다. 얼핏 서로 관련 없는 어휘 같지만 실제로는 비슷한 의미를 내포하고 있다. 서로 어울려 같은 마음으로 같은 길을 간다는 것은 참으로 가치 있는 일이다.

나에게는 혈연으로 맺어진 가족이 있고, 나와 함께 온갖 삶의 희로애락을 같이하는 친구가 있으며, 같은 일을 하는 동료들이 있다. 이것이 인간관계의 기본이다. 이들과 관계가 원만하고 바람직하며 어떤 목표를 향해 함께 정진하는 것이야말로 가치 있는 일이다.

고(故) 김수환 추기경이 남긴 〈우산〉이라는 글은 우리 인간의 삶을 우산에 비유한다.

삶은 우산을 폈다 접었다 하는 일

죽음은 더 이상 우산을 펼치지 않는 것

성공은 우산을 많이 소유하는 것

행복은 우산을 많이 펼쳐 빌려주는 것

불행은 아무도 우산을 빌려주지 않는 것

사랑은 한쪽 어깨가 젖어도 둘이 함께 쓰는 것

이별은 하나의 우산에서 빠져나와 각자 우산을 펼치는 일

연인은 비 오는 날 우산 속 얼굴이 가장 아름다운 사람

부부는 정류장에서 우산을 들고 기다리는 모습이 가장 아름다운 사람

비를 맞으며 혼자 걸어갈 줄 아는 사람은 인생의 맛을 아는 사람

비를 맞으며 혼자 걸어가는 사람에게 우산을 내밀 줄 아는 사람은 인생의 의미를 아는 사람

참으로 탁월한 비유 아닌가? 우리의 삶이 우산이라고 한다면 '같이'는 우산을 함께 쓰고 가는 것이다. 한쪽 어깨가 젖더라도 우산을 함께 쓰고 같은 곳을 향해 가는 사람은 연인이거나 친구다. 비가 내리는데 우산이 없다면 얼마나 낭혹스

러운가? 그럴 때 다가와서 우산을 씌워주는 사람은 구세주와도 같다.

우리의 삶은 비가 내리는 것과 같다. 끊임없이 쏟아지는 현실의 상황들과 온갖 삶의 문제들을 우산으로 받아내며 걸어가는 것이 우리의 인생이다. 갑자기 비가 쏟아지는데 우산이 없거나 우산이 찢어지고 망가졌다면 정말 난감할 것이다. 그리하여 비를 피해 멈춰 있거나 가는 길을 포기하기도 한다. 시간 맞춰 목적지까지 반드시 가야 할 상황이어서 이러지도 저러지도 못하고 있을 때, 우산을 쓴 친구가 다가와서 같이 쓰고 가자고 한다면 너무나 반갑고 큰 도움이 될 것이다. 그것은 두 사람 모두에게 가치 있는 일이다.

하지만 세상에는 그런 사람만 있는 것이 아니다. 갑자기 달려들어 내 우산을 빼앗는 사람도 있고, 내가 쓴 우산을 망가뜨리는 사람도 있으며, 내 우산을 훔쳐 가는 사람도 있고, 자신을 따라오면 우산이 있다고 거짓말하며 유혹하는 사람들도 있다.

"보고 또 보고 또 쳐다봐도 싫지 않은 내 사랑아. 비 내리는 여름날에 내 가슴은 우산이 되고……." 내가 아내에게 기타를 치며 종종 불러주던 나훈아의 '사랑'의 한 구절이다. 우산을 씌워주는 친구가 많은 사람은 든든하고 행복하다. 그보다 내가 먼저 누군가의 우산이 돼준다면 인생이 더욱 가치 있고 행복할 것이다.

우리 동네 아파트 계단에는 "같이하면 가치가 만들어집니다"라고 적혀 있다. 함께하는 것이야말로 보람찬 인생을 열어갈 수 있다.

다시 한 번 아프리카 속담을 강조한다.

"멀리 가려면 같이 가라."

슬기로운 싸움의 기술

동물들은 먹이를 서로 차지하려고, 짝짓기할 암컷을 유혹하려고, 무리에서 서열을 정하려고 서로 싸운다. 우리 인간들도 마찬가지다. 인류 5천 년의 역사에서 서로 싸우지 않은 날이 300일에 불과하다는 통계가 있다. 우리가 잘 아는 〈드라큘라〉의 실제 모델이었던 중세 헝가리의 블라드 3세는 "내가 안 싸운 날은 하루도 없다. 나는 평생을 싸웠다"라고 했다.

우리 민족은 남과 북이 싸우고, 국회에서는 여야 의원들끼리 싸운다. 가까운 친구끼리도, 직장 동료끼리도 싸운다. 심지어 어린이들도 싸운다. 부모 자식 간, 부부간, 사랑하는 연인 간에도 싸운다. 토론과 같은 말싸움도 싸움이다. 어떤 의미에서 싸움은 생존 본능이기도 하다.

어떤 이유에서든 가까운 친구나 동료와 싸우게 됐다면 어떻게 해야 할까?

우리 인간들이 싸우는 이유는 여러 가지다. 정치나 이념의 견해 차이, 오해, 욕설, 거짓말, 뒷말과 험담, 헛소문, 비밀 폭로, 사기, 금전 관계, 연애 문제, 태도나 행동의 문제, 업무 관계 등, 헤아릴 수 없이 많다. 싸움의 목적은 상대방을 이기려는 데 있다. 그렇다고 절교하거나 인간관계를 완전히 단절하려는 것은 아니다. 당장 화가 나니 싸우는 것이다. 따라서 싸움을 피할 수 없을 때는 슬기롭게 싸워야 한다.

먼저 정치나 이념 논쟁은 피하는 것이 좋다. 이 논쟁은 결론이 없다. 아무리 목청 높여 주장하고 상대방을 윽박질러도 절대 물러서지 않는다. 서로 시간 낭비일 뿐이다.

홍대 앞 연남동에 있는 '윤태익 다르다 심리 카페'에서 연인이나 부부 상담을 하다 보면 누구나 다 알고 있으면서도 벗어나지 못하는 것이 있다. 바로 '틀림과 다름'이다. 어떤 편견이나 아집에 사로잡혀 무조건 자기는 옳고 상대방은 틀리다고 몰아붙이지 말아야 한다.

내 의견과 상대방의 의견이 다를 수 있다. 틀린 것이 아니다.
서로 다를 뿐이다. 틀림과 다름의 중요성을 표현하기 위해
심리 카페 이름을 '다르다'라고 지었다.

상대방의 주장을 충분히 들어야 한다.
그것은 자존심의 문제가 아니다.

싸움에는 어떤 원인이 있다. 그 본질에서 벗어나지 말아야 한다. 그런데 싸우다 보면 자꾸 본질에서 벗어날 때가 있다. 말꼬리를 물고 늘어지거나 트집을 잡아 엉뚱한 싸움으로 변질된다. 본질과 관계없는 지나간 과거사를 들먹거리기도 한다. 상담하다 보면 특히 남자보다 기억력이 좋은 여자들이 그러하다. 상대방이 과거에 저지른 잘못이나 실수를 지적하며 자신이 우위에 서려고 한다. 그러다 보면 싸움이 끝나지 않고 뒤끝이 남는다.

설득이나 강요는 도움되지 않는다. 대개 선후배, 직장에서 상하 관계, 연령 차이 등에서 윗사람이 자기는 옳다는 전제하에 아랫사람을 타이르고, 설득하고, 강요하는 경우가 많다. 당돌하고 자기 주관이 뚜렷한 요즘 젊은이들에게는 통하지 않는다. 나이 많은 사람들이 이른바 '라떼는' 하면서 충고나 조언하면 젊은이들은 외면한다. 서로 동등한 입장에서 대화로 풀어나가야 한다.

상대방을 경멸하는 듯한 말투, 약점이나 마음의 상처, 대인관계 등을 지적하거나 '○○가 그러더라' 하면서 다른 사람까지 끌어들이는 것은 삼가야 한다. 오히려 상대방의 반발심만 키울 뿐이다.

감정이 격해져서 다투다 보면 순간적으로 상대방에게 폭력을 휘두를 경우가 있다. 어떠한 경우라도 폭력은 안 된다. 아무리 화를 낼 만한 일이라도 폭력은 결국 자신에게 불리할 뿐이다.

그리고 보복심을 가져서는 안 된다. '내가 2배로 갚아주겠어'라는 마음으로 싸우면 더욱 흥분하고 자기중심이 된다. 자신은 물론 상대방에게도 고통을 주어 앙금만 더 쌓일 뿐이다. 자칫하면 상대방도 나에게 보복하려고 한다. 싸움의 원인이 된 문제를 해결하는 데는 전혀 도움되지 않는다.

상대방이 분명 잘못했더라도 빠져나갈 수 있는 여지를 줘야 한다. "쥐도 궁지에 몰리면 돌아서서 고양이를 문다"라는 옛말이 있듯이 궁지에 몰리면 오히려 반발하며 덤벼든다.

자기 잘못이 분명하다면 솔직히 시인하고 사과하며 용서를 비는 것이 바람직하다. 억지 변명은 도움이 되지 않는다. 자신이 솔직하면 상대방도 격한 감정이 차츰 수그러든다. 억울하다 하더라도 화풀이를 해서는 절대 안 된다. 가까운 친구나 동료 사이라면 더욱 그렇다.

절대 발끈하거나 욱하지 말아야 한다. 건강에도 좋지 않을 뿐만 아니라, 이성적 판단을 막아 일을 저지르게 된다. 후회했을 때는 이미 늦은 것이다. 아무리 가까운 친구나 동료라도 저마다 성품과 성향, 사고방식이 다르기 마련이다. 내 생각과 다르다고 해서 반드시 틀린 것은 아니다. 항상 자신을 진정시키고 침착하게 이성적인 판단을 해야 한다.

나는 강연 중에 인간관계의 비결로 '반고미사의 생활화'를 얘기한다. '반고미사'는 핵심 단어들의 첫 글자를 따서 만든 신조어다.

'반'은 '반갑습니다'를 말한다. 인사만 잘해도 먹고산다는 말이 있다.

'고'는 '고맙습니다'를 말한다. 고마울 때 고마울 줄 알고, 감사할 때 감사할 줄 알아야 끌리는 사람이 된다.

'미'는 '미안합니다'를 말한다. 사과할 줄 아는 사람이 가장 강한 사람이다.

'사'는 '사랑합니다'를 말한다. 114에 전화하면 '사랑합니다, 고객님'이라고 인사한다.

습관화, 생활화가 되어 있지 않으면 하지 못한다. 해보지 않았으니 쑥스러운 것이다. 그래서 무조건, 내가 먼저, 끝까지 '반고미사'를 연습하고 생활화하라고 주문한다.

상대방에게 오직 이기기 위해 집착하다 보면 수단 방법을 가리지 않게 되고 점점 무리하게 된다. 집요하게 공격하는 것보다 적절히 방어하는 지혜가 필요하다. '잘못했다', '죄송하다', '내가 잘못 알았다'고 말한다고 해서 진 것이 아니다. 오

히려 솔직하고 양심적이다. 내가 먼저 '죄송하다', '미안하다'
고 말하면 싸움은 끝난다.

이 험한 세상을 살아가려면 반드시 친구나 동료가 있어야
한다. 좋은 사람을 찾지 말고 내가 먼저 좋은 사람이 돼야 한
다. 친구나 동료에게 무엇인가 바라지 말고, 내가 먼저 베풀
어야 한다. 길은 잃어도 사람은 잃지 말라고 했다. 그것이 원
만한 인간관계의 기본이다.

문자 한 통에
바로 달려와 줄 한 사람

인간은 혼자서는 살 수 없다. 살아가면서 수없이 많은 사람과 어울린다. 나를 낳아준 부모, 일가친척, 이웃, 친구, 학교 동창, 직장 동료부터 한 걸음 더 나아가 공동체, 국가, 민족에 이르기까지 어떤 동질성에 의해 나의 인간관계가 형성된다.

세상의 중심, 인간관계의 중심은 '나'이다. 나를 중심으로 마치 거미줄처럼 인간관계가 이루어진다. 그 연결 고리는 '인연'이다. 나와 어떤 인연이 있는가에 따라 인간관계가 만들어진다. 흔한 말로 첫 번째 인연은 하늘이 만들어주고, 두 번째 인연은 인간이 만드는 것이라고 한다.

가족이나 일가친척은 내가 어쩔 수 없는 혈연이다. 이웃, 학교 동창, 직장 동료 등도 내 의지와 관계없이 만들어진 인연이다. 혈연, 학연, 지연(地緣)은 그야말로 하늘이 맺어준 것이다. 어쩔 수 없다. 하지만 나를 중심으로 내가 만드는 인연이 삶에 결정적인 영향을 미친다고 해도 과언이 아니다. 따라서 인간관계에서는 좋은 인연, 후회 없는 인연을 맺는 것이 무엇보다 중요하다.

나는 최근에 동생을 잃었다. 갑작스럽게 지방에 사는 동생의 부음을 듣고 너무 황망했다. 나는 4형제의 맏이인데 둘째는 암으로 세상을 떠나고 셋째는 뇌졸중으로 쓰러져 걷지도 못한다. 그런데 막냇동생이 나이가 들어서도 혼자 살다 고독사한 것이었다. 고독사는 정리해야 할 일들이 만만치 않다.

너무 슬프고 경황이 없어서 사회 경험이 풍부한 선배에게 전화를 걸어 의논하려고 했더니, 선배는 대뜸 "같이 가자"고 했다. 선배와 나는 멀리 떨어진 지방까지 함께 가서 장례식을 치렀다. 선배의 큰 도움이 없었다면 무척 힘들었을 것이다.

선배가 너무너무 고마워 돌아오는 기차 안에서 나는 이런 문자를 보냈다.

"선배님, 어제 오늘 함께해주신 동행에 너무너무 감사드립니다. 이루 말로 표현할 수 없는 가슴속 뭉클한 감동이에요. 저에게 베풀어주신 선배님의 무한한 배려와 사랑을 통해 많은 교훈과 배움을 얻었습니다. 앞으로 저와 같은 상황에 처한 누군가에게 선배님의 '같이 가자' 스피릿을 이어나가겠습니다. 참으로 든든한 인복이 있는 저로 만들어주셔서 더욱더 감사드립니다."

선배와 만나게 된 인연에 감사할 따름이다. 인연이란 사람과 사람의 만남이다. 수많은 사람 가운데 왜 하필 그 사람과 만났을까?

그것도 인연이다. 젊은 남녀가 서로 만나 사귀고 결혼하고 부부가 되어 자녀를 낳고 가정을 이루는 것도 인연이다. 우연히 버스나 기차 옆자리에 앉은 사람과 친구가 되는 것도 인연이다. 왜 하필 그 사람을 만나 결혼까지 했을까? 왜 하필 그 사람이 내 옆자리에 앉았을까? 그것은 어쩌면 자신의 운명일지도 모른다.

그러나 우리가 살다 보면 어떤 의도에 의해 누군가를 만나고 그 사람과 인연을 맺게 되는 경우도 적지 않다. 내가 하는 업무나 거래, 자문이나 조언, 협조 요청 등, 나의 필요로 만나는 사람도 있지만, 친구의 친구, 지인의 소개, 우연 그리고 먼저 나한테 접근한 사람 등, 굳이 인연을 맺지 않아도 될 사람도 있다. 뿐만 아니라 나에게 필요한 사람인데 과연 그 사람의 성품은 어떤지, 신뢰할 만한 사람인지, 잘 살펴봐야 할 사람도 있다. 그렇다면 어떻게 그 사람을 파악할 수 있을까?

친지들과 식사하는 자리에서 누군가 "젓가락질만 봐도 그 사람의 인성을 알 수 있어"라고 말했다. 별것 아닌 것 같지만 곰곰이 생각해보면 젓가락질은 대개 그 사람의 습관이다. 길 게 쥐는 사람, 짧게 쥐는 사람, 꼬아서 쥐는 사람 등 젓가락질 도 다양하고, 한번 잘못 길들여진 젓가락질은 나이가 들어서 도 쉽게 고쳐지지 않는다. 하지만 젓가락질 자체를 얘기하는 것이 아니다.

여럿이 함께 식사할 때, 앞에 놓인 여러 반찬을 젓가락으 로 휘젓는 사람, 무엇인가 찾으려는 듯 반찬을 이리저리 뒤적 이는 사람, 맛있는 음식이나 반찬을 독차지하려는 듯 재빨리 먹어치우는 사람, 반찬을 젓가락으로 들고 툭툭 터는 사람이 있다. 이런 사람은 다른 사람에 대한 배려심이 없고 이기적이 라는 것이다. 그런 사람은 대개 자신의 이익을 위해서는 수단 방법을 가리지 않고 의리가 없어서 언제든지 배신한다는 것 이다.

인연을 맺을 필요가 있는 사람을 처음 만났을 때, 우리는 습관적으로 그 사람의 관상이나 용모를 먼저 본다.

얼굴은 그 사람의 이력서라고 해도 틀린 말은 아니다.
그 사람이 오랫동안 해왔던 일이 얼굴에 나타난다.

옷차림도 그렇다. 그 사람이 입고 있는 옷을 보면, 보수적인지, 진보적인지, 개방적인지, 사치스러운지, 검소한지, 유행에 민감한지, 뒤떨어지는지, 깔끔하고 정결한지, 수더분하고 털털한지 짐작할 수 있다. 그러한 외관상의 판단이 적중할 때도 적지 않다.

좋은 인연은 한번 맺으면 죽을 때까지 이어진다. 순간적인 판단은 자칫하면 선입견이나 편견이 될 수 있다. 여러 차례 만나면서 신중하게 습관을 비롯해 심성까지 올바로 알아야 할 필요가 있다. 나는 이것을 '인격'이라고 말한다.

아무런 조건 없이 '그냥 좋은 사람'이 있다. 다른 사람을 배려하고 어떠한 상황에서도 남에게 베풀 줄 아는 사람이 '그냥 좋은 사람'이다. 내가 힘들고 어려울 때 그냥 '같이 가자'고 말해준 선배와 같은 사람 말이다. 그런 사람에게는 많은 사람들이 몰려드는 이른바 '인복(人福)'이 따르기 마련이다.

공존지수,
또 하나의 경쟁력

내가 강의할 때 가장 큰 포인트가 바로 '3미'다. '3미'는 '흥미, 재미, 의미'를 말한다. 강의 비법을 알려달라고 하면 얘기해주는 단골 메뉴다. 이것도 순서가 중요하다. 첫 번째는 일단 흥미진진한 주제로 관심을 끌어야 청중들이 귀를 기울인다. 두 번째는 재밌게 풀어가야 강사도 청중도 함께 신이 난다. 강의는 무조건 재밌어야 한다. 세 번째는 웃고 즐기는 가운데 뭔가 의미를 던져줘야 한다. 피와 살에 덧붙여 뼈가 무엇인지 알려줘야 진한 여운이 남는다.

'3미'가 잘 어우러져야 청중은 감탄, 감동, 감사의 '3감'을 표시한다. 그렇다. 우리의 인연은 만남과 마주침으로 맺어진다. '만남'은 보편적으로 미리 정한 약속으로 이루어지고, '마주침'은 우연이다. 젊은 남녀가 우연히 마주쳤는데 서로 한눈에 반해 사귀는 것과 같다.

어떤 형태로든 다른 사람과 인연을 맺으면 인간관계가 형성된다. 서로 마음이 통해 인간관계를 이어가려면 어떻게 해야 할까? 저마다 나름대로 소통하는 방식이나 사교술이 있겠지만 많은 사람들에게 호감을 주고 공감을 갖게 하며 긍정적으로 인간관계를 이어가는 사람들의 공통점이 있다. 존중, 위로, 겸손이다.

좋은 인간관계를 이어가는 사람은 상대방이 누구든 그의 입장을 배려하고 존중한다. 다른 사람을 얕잡아 보거나 무시하면 그 사람이 떠나버려 인간관계가 단절된다. 더욱이 상대방의 외모나 차림새만 보고 선입견을 가지면 자칫 큰 손실을 보게 된다.

미국 최고의 명문 대학으로 손꼽히는 하버드대학교에 어느 날, 노부부가 찾아와 기부하겠다며 총장과 면담을 요청했다. 교직원은 그의 차림새가 너무 허름한 것을 보고 거의 무시하다시피 하며 면담 순서를 자꾸 뒤로 미루어, 몇 시간이 지나서야 겨우 총장을 만날 수 있었다.

총장 역시 그들 부부의 차림새를 보고 기부하면 얼마나 하겠는가 하는 오만한 태도를 보이며 그들을 빨리 내보내려고 했다.

"우리 학교 건물은 한 동(棟)을 세우는 데 750만 달러가 듭니다. 얼마나 기부하시려고요?"

총장은 거드름을 피우며 거만한 투로 내뱉듯이 말했다.

그러자 남루한 차림새의 아내가 남편에게 말했다.

"여보, 건물 한 동을 짓는 데 겨우 750만 달러가 든다면 죽은 아들을 위해 대학교 전체를 통째로 세우고도 남겠네요."

거만한 총장의 무시하는 듯한 태도에 은근히 화가 난 노부부는 곧바로 총장실을 나왔다. 그리고 그들은 캘리포니아에 새로운 대학을 설립했다. 그 대학이 하버드대학교 못지않은 명문 스탠퍼드대학교이다. 그들 부부를 영원히 기념하기 위해 대학 이름도 그들의 성을 따서 스탠퍼드(Stanford)라고 지었다.

이런 사연을 뒤늦게 알게 된 하버드대학교의 정문에는 이러한 명패가 붙어 있다고 한다.

Don't Judge a Book by Its Cover.

(겉표지만 보고 책의 내용을 판단하지 마라.)

그다음 친구나 동료 등 자신과 뗄 수 없는 인간관계를 맺고 있는 사람들이 어려움에 닥쳤을 때, 위로하고 도움을 줄 수 있어야 진정한 인간관계가 이어진다. 어떤 친구는 자신의 결혼식, 부친의 장례식을 가까운 사람들에게 알렸고 대부분 참석해서 축의금, 조의금을 내고 축하하거나 위로했다. 하지만 정작 그는 가까운 친구들의 길흉사에 절대 나타나는 법이 없었다.

이런 사실을 친구들이 모를 리 없었다. 그의 어머니가 세상을 떠나 친구들에게 알렸지만 장례식에는 아무도 참석하지 않았다. 이런 경우를 흔히 볼 것이다. 친구라면 서로 돕고 위로할 수 있어야 한다. 지나치게 자기중심적이고 이기적이면 친구, 동료들과 멀어진다.

또 사람은 겸손해야 한다는 것은 상식이다. 인간관계에서 교만은 절대 금물이다. 조금 잘나간다고 해서 우쭐하고 거만을 피우면 친구나 동료의 마음이 멀어진다. 진정한 친구라면 돈과 지위 따위는 아무런 영향이 없다.

'말 한마디로 천 냥 빚을 갚는다'는 옛말처럼 좋은 관계를 유지하려면 서로 주고받는 말이 중요하다. 누구나 '재미있는 친구'를 좋아한다. 유머가 풍부한 친구를 싫어하는 사람은 없다. 유머와 재치가 있는 사람은 친구나 동료들을 즐겁게 해주니 또 만나고 싶어진다. 그리하여 모임의 주인공이 되고 좌중을 주도한다.

선생님이나 강사, 연사도 마찬가지다. 재미있게 말하고,

관심을 끌어 흥미를 느끼게 하면 수업이나 강의, 강연이 전혀 지루하지 않다. 모두 집중하기 때문에 내용도 잘 전달된다. 그리하여 인기 있는 인물이 되는 것이다.

사람과 사람이 서로 오해 없이 잘 통하는 것을
'소통(疏通)'이라고 한다. 인간관계에서 웃음과 웃음으로
서로 마음이 통하는 소통(笑通)도 필요하다.

그러나 재미, 흥미를 끌기 위해 부질없는 농담이나 헛소리를 해서는 안 된다. 재미있고 재치 있으면서도 의미가 담긴 말은 쉽게 잊혀지지 않는다. 좋은 사례가 인도의 독립 영웅 마하트마 간디(Mahatma Gandhi)다.

인도가 영국의 식민지이던 시절, 간디는 영국으로 유학 가서 법학을 전공했다. 그런데 간디를 몹시 싫어하는 교수가 있었다. 피터스라는 교수는 틈만 나면 간디를 괴롭혔다. 어느 날 간디가 학교 식당에 들어갔는데, 하필 피터스 교수 옆자리 하나만 비어 있었다. 간디가 식판을 들고 그 자리에 앉자 피터스 교수는 모두 들으라는 듯이 큰 소리로 말했다.

"이보게, 간디 군. 자네가 잘 모르는 모양인데, 돼지와 새는 같이 밥을 먹지 않는다네!"

피터스 교수는 자기는 우아한 새이고, 간디는 돼지라고 비하한 것이다. 그러자 간디가 식판을 들고 일어서며 큰 소리로 말했다.

"아, 그렇군요. 그럼 저는 새니까 다른 곳으로 날아가겠습니다."

한번은 피터스 교수가 강의 시간에 학생들 앞에서 일부러 간디에게 질문을 했다.

"이보게, 간디 군, 길을 걷는데 앞에 지혜가 가득 든 자루와 돈이 가득 든 자루가 떨어져 있다면 자네는 어떤 자루를 집겠는가?"

간디가 서슴없이 대답했다.

"돈 자루를 집겠습니다."

교수가 득의만면해서 말했다.

"그럴 줄 알았네. 속물들은 당연히 돈 자루를 집겠지. 나라면 지혜가 가득 든 자루를 집겠네."

그러자 간디가 한마디 했다.

"그럴 겁니다. 누구나 자신에게 부족한 것을 선택하니까요."

조선시대 태조 이성계는 무학대사와 허물없는 사이였다. 태조가 무학대사를 떠보려고 한마디 했다.

"무학대사, 대사는 꼭 돼지 같소. 나는 어떻소?"

"전하께서는 부처 같습니다."

자신은 무학대사를 놀렸는데 부처라고 하다니, 의아한 이성계가 이유를 묻자 무학대사가 대답했다.

"돼지의 눈에는 돼지만 보이고, 부처의 눈에는 부처만 보이니까요."

'촌철살인(寸鐵殺人)'이라는 말이 있다. 말 한마디로 상대방을 꼼짝 못 하게 한다는 뜻이다. 어찌 보면 가시 돋친 말 같지만 의미 있는 말이다.

"혀를 다스리는 것은 나이지만, 내뱉은 말은 나를 다스린다"고 했다. 말은 곧 그 사람의 인격이다. 말을 잘하는 것보다 중요한 것은 자신의 참된 마음을 담는 것이다.

'공존지수(共存指數)'라는 것이 있다. 인간관계를 얼마나 잘 형성하고 있는지, 인간관계를 운영하는 능력을 측정하는 지수를 말한다. 이 지수가 높을수록 다른 사람들과 잘 소통하고, 그러한 소통으로 얻은 것을 자신의 자원으로 삼아 성공하기 쉽다.

이것은 인간관계에서 서로 잘될 수 있도록 도와야 한다는 이타적 개념에 가깝다. 이 세상에 독불장군은 없다. 우리가 어쩔 수 없이 많은 사람들과 어울려 함께 살아야 한다면 '인간관계'는 '공존지수'일 뿐 아니라 '생존지수'이다.

상대의 마음을 움직이는
사소한 행동

이 책을 쓰는 중에도 나는 지금 전국 순회 강연 중이다. 가는 곳마다 처음 마주하는 분위기가 다르다. 강사 소개를 조용히 듣는 곳도 있고 환호와 함성을 지르는 곳도 있다. 어느 곳이 강의가 술술 잘 풀릴까? 당연히 리액션이 좋은 강연장이다. 그래서 리액션을 '나를 돕고 남을 도와주는 이익 행동'이라고 정의한다.

몇 년 전의 일이다. 매주 금요일 저녁에 개그맨 이경규 씨가 진행했던 KBS 〈풀하우스〉라는 예능 프로그램에 한동안 출연했다. 어느 날 뒤풀이 자리에서 방송계 최고의 예능 PD로 불리는 분과 합석하게 됐다. 예능을 잘해 보고 싶은 나는 그에게 물었다.

"예능을 잘하고 싶은데, 비결 딱 한 가지만 가르쳐주세요."

그러자 그가 대답했다.

"예능은 리액션이죠."

예능 잘하는 비결이 리액션이라는 말이 처음에는 이해되지 않았다. 나는 KBS 〈아침마당〉의 1시간짜리 생방송 강연을 통해 방송에 데뷔했다. MBC 〈파랑새특강〉, MBN 〈동치미〉, TV조선 〈얼마예요〉와 같이 편집을 하는 녹화 방송은 부담감이 조금 있었다. 한 편당 4시간 정도 녹화하고 나서야 마칠 수 있었기 때문이다.

초창기 방송 녹화를 할 때는 나에게 주어진 분량을 최대한 살리는 게 최선이라 생각하고 PD나 작가들이 원하는 내용을 잘 암기하고 숙지해서 내 분량을 소화해냈다. 그런데 편집된 방송을 보면 열심히 얘기한 내용이 빠져 있었다. 그러다 보니 당연히 방송 분량도 다른 출연자들의 평균 시간보다 짧았다.

그것이 몇 번 반복되자 나는 PD와 작가에게 말했다.

"서로 약속된 분량을 충분히 소화했는데 왜 편집됐습니까? 저보고 출연하지 말라는 묵시적인 신호입니까?"

그러던 어느 날 예능 PD에게 들었던 그 말이 떠올랐다.

"예능은 리액션이죠."

그렇다. 나는 리액션이 부족했던 것이다.

내 분량, 내 이익만을 챙기려 했던 것이다. 함께하는 출연자와의 어울림이 없었다. 그저 내 순서가 오면 머릿속에 준비

했던 분량만 쏟아내고 있었다. 그때 깨달았다. 왜 녹화 중간 휴식 시간에 나에 대한 분위기가 썰렁했는지, 왜 내가 재밌는 말을 해도 출연자들이 반응해주지 않았는지 말이다. 나는 외딴섬의 외톨이였다. 나 혼자 고군분투하고 악을 쓰면서 방송하고 있었던 거였다. 그 뒤로 나는 정반대로 방송에 임했다.

모든 출연자의 말에 귀 기울이고 적당한 리액션을 했다. 그러다 내 방송 분량을 채우지 못했고, 내 순서에 제대로 준비해 간 답변을 못 하기도 했다. 그래도 방송 관계자들은 엄지척을 내세웠다. 내가 리액션하는 모습이 너무 좋다고 하면서 방송 분량이 늘어갔다. 녹화 중간 휴식 시간에도 함께하는 출연자들의 태도가 우호적으로 달라졌다. 뒤풀이에도 참석해달라는 요청이 늘었다. 방송하면서 깨달은 게 있다면 "손해 봐야 이익 본다"는 말이다.

남을 돕는 것이 바로 나를 돕는 것이다. 그래서 리액션은 남을 돕고 나를 돕는 이익 행동이고, 인간관계를 잘하는 비결이자 성공 비결이라고 말한다.

흔히 남을 배려하고 베푸는 것을 손해 보는 행동이라고 생각하는 사람들이 있다. 그런 사람일수록 이기적이다. 이타심이 없는 사람은 설령 안정된 생활을 할지언정 크게 성공하지 못한다. 사랑받으려고만 하면 참사랑을 얻지 못하는 것과 같다. 받는 것보다 주는 것이 참다운 사랑이라고 하지 않던가.

배려와 베풂이 곧 사랑이다.

예컨대 젊은 남녀가 배우자를 선택하는 데 있어, 어떤 조건을 내세우거나 상대방의 조건을 우선한다면 무언가 자신에게 돌아올 이익이나 혜택을 먼저 생각하는 것이지 진짜 사랑이 아니다. 그래서 조건에 맞춰 결혼한 부부는 바로 그 조건 때문에 헤어지게 된다.

미국의 광활한 네바다 사막의 한복판을 어느 청년이 낡은 트럭을 운전하며 달리고 있었다. 청년의 시야에 손을 흔들고 있는 남루한 노인이 들어왔다. 차를 태워달라는 것이었다. 청년은 주저 없이 노인의 앞에 트럭을 세웠고 노인이 올라탔다.

"정말 고맙소. 나를 라스베이거스까지 태워줄 수 있겠소?"

"알겠습니다."

청년은 조금도 불편한 기색 없이 트럭을 운전했다. 이윽고 라스베이거스에 다다르자, 청년이 노인에게 물었다.

"라스베이거스에서 가시는 곳이 어딥니까?"

노인이 목적지를 말하자 청년은 그곳까지 데려다주었다. 그리고 주머니를 뒤적거리더니 25센트를 꺼냈다.

"적은 돈이지만 차비에 보태 쓰세요."

"정말 친절하고 고마운 젊은이구려. 이름이라도 좀 압시다. 명함이 있으면 주실 수 있겠소?"

청년은 명함을 꺼내 노인에게 주고 갈 길을 떠났다. 그것이 끝이었다.

그 노인은 바로 당시 미국 최고 부자의 한 사람으로 무려 50개가 넘는 기업을 거느린 하워드 휴즈(Howard R. Hughes)였다. 그리고 여러 해가 흘렀다. 하워드 휴즈가 별세했다는 소식이 언론에 대서특필됐다. 유족들에게 그의 유언장이 공개됐다. 그가 남긴 재산은 약 250억 달러였다.

재산 분배와 상속에 대한 자세한 명세서의 맨 마지막에 네바다 사막에서 트럭을 태워줬던 청년의 이름이 있었다. 유족들은 그가 누구인지 전혀 알 수 없었다. 그런데 유언장 뒷면에 그의 명함이 첨부돼 있었다. 그 청년에게 재산의 16분의 1을 주라는 것이었다. 약 1억 5천만 달러에 해당하는 거액이었다. 우리 돈으로 환산하면 약 2천억 원이다.

그 청년이 무엇을 기대했다거나 그 허름한 노인이 하워드 휴즈라는 사실을 알아차리고 트럭에 태워준 것은 아니다. 단지 힘들어 보이는 노인을 배려하고 친절을 베푼 것뿐이다. 그처럼 나의 아주 작은 행동 하나가 남에게 큰 도움을 주고, 커다란 복덩이가 되어서 나에게 돌아오는 경우가 많다. 참고로 누구나 할 수 있으며 실질적으로 남을 배려하는 행동 몇 가지를 소개한다.

· 힘없는 사람이라고 우습게 보지 마라.

· 평소에 잘해라. 공덕을 쌓으면 내가 위기에 처했을 때 큰 빛을 발휘한다.

· '고맙다', '미안하다'고 분명하고 솔직하게 말하라.

· 남을 도와줄 때는 화끈하게 도와줘라.

· 남의 험담을 하지 마라.

우리가 서로 몸을 끌어안으면 '포옹'이라고 한다. 서로 마음까지 끌어안으면 '포용'이다. 항상 너그러운 마음으로 진심을 다해 다른 사람들을 포용할 때 우리의 삶은 한결 더 따뜻해질 것이다.

내 모습 그대로 괜찮다

나는 '미래 준비' 강의 마지막 부분에 자아존중감에 대해 집중적으로 시간을 할애한다.

나는 나이므로 자존감이 있어야 한다. '제 잘난 맛에 사는 것이 인생'이라고 했다. '나'에 대해서는 자신의 평가와 남들의 평가가 다를 수 있다. 그러나 그릇되고 나쁜 행동만 하지 않는다면 남들이 뭐라고 평가하든, 그야말로 자기 잘난 맛에 사는 것이다.

그러자면 자신을 스스로 돌아볼 필요가 있다. '나는 누구인가?', '나는 왜 사는가?', '나는 무엇이 되고자 하는가?' 자기 자신에 대해 스스로 질문해볼 필요가 있다. 그런 질문을 하기 어렵다면 꾸준히 일기를 쓰는 것도 좋은 방법이다.

나는 대학교 1학년 때 쓰기 시작한 일기를 지금까지 이어오고 있다. 일기를 쓴다는 것은 자기 생각을 정리하는 것이다. 그런 생각이 곧 '나는 누구인가', '나는 왜 사는가', '나는 무엇이 되고 싶은가' 등에 대한 해답을 준다.

"너 자신을 알라"는 명언이 있다. 우리는 그것이 고대 그리스의 철학자 소크라테스가 남긴 말로 알고 있지만 실제로는 델포이(Delphoe)의 아폴론 신전에 새겨진 글귀를 소크라테스가 인용한 것이다.

우리의 삶이 항상 순조로운 것은 아니다. 때로는 순탄한 길에서 벗어나 방향을 잃고 방황하기도 하고, 나의 지식이나 경험, 신념, 인간관계 등이 큰 혼란에 빠지기도 한다. 그리하여 자신이 정체성을 잃고 비틀거릴 때 자신의 신앙에 의지해 기도하기도 한다. 고대 그리스의 아폴론 신전에서 기도하는 사람들에게 일러주는 말이 '너 자신을 알라'였던 것이다.

자신을 스스로 판단한 것이 '나다움'이다. '나다움'은 자기만의 고유한 캐릭터다. 요즘은 이른바 '부캐', 즉 부수적인 캐릭터, 2차 캐릭터가 유행이다. 직업이나 하는 일에서 비롯된 캐릭터, 자신의 실제와 다른 의도적인 캐릭터일 뿐 자신의 본질은 아니다. '나다움'은 자신의 존재감을 나타내는 데 매우 중요하다.

'나다움'에 부족한 점도 있고 바람직하지 못한 점도 있다면 스스로 반성하고 바로잡아 나가야겠지만 남들과 비교하거나 남들을 따라갈 필요는 없다. 자신만의 정체성을 지켜나갈 필요가 있다. 그러나 지나치게 자존심을 내세우거나 불합리한 고집으로 자기만을 내세워서는 안 된다.

특히 요즘은 자기만 옳다는 독선과 자기 자신에게 유리하고 좋은 것만 보는 편견이 판을 치는 세상이다. 부질없는 고집, 독선과 편견은 수많은 사람들이 서로 어울리고 더불어 사는 세상에서 남들과 충돌하고 대립하며 적대감만 부추길 뿐이다.

'나다움'이 있다면 다른 사람들도
저마다 자기만의 '나다움'이 있을 것이다.
그것을 내 시각에서 보자면 '남다름'이다.

'남다름'은 '나다움'과 다른 것이다. 사람들은 저마다 개성이 있고 품격이 있기에 '나다움'과 같을 수 없다. '나다움'을 존중받고 싶다면 '남다름'도 존중해야 한다. 그것이 올바른 인간관계다. 항상 다른 사람은 나하고 다를 수 있다.

그래서 성격에 관한 내 책의 제목이 바로 ≪나답게≫다. 나는 요즘 책 1권을 요약해서 노랫말로 만들고 있다. 그 노래 제목이 바로 '나는 나답게, 너는 너답게'이다. 짧은 시간에 흥미와 재미와 의미의 '3미'를 줄 수 있는 가장 효율적인 방법이기도 하다.

영국의 수상이었던 마거릿 대처(Margaret H. Thatcher)의 아버지는 그녀에게 이렇게 말했다고 한다.

"생각을 조심해라, 말이 된다. 말을 조심해라, 행동이 된다. 행동을 조심해라, 습관이 된다. 습관을 조심해라, 성격이 된다. 성격을 조심해라, 운명이 된다."

내가 매장량이 엄청난 금광을 발견했더라도 나 혼자서는 금을 캐낼 수 없다. 수많은 사람들이 서로 힘을 합쳐야 마침내 금을 캐낼 수 있다.

우리가 사는 세상은 '나다움'과 '남다름'이 공존한다. 내가 아무리 이 세상의 주인공이라도 '나다움'만 내세우면 '남다름'과 충돌하게 된다. 거듭 말하지만 '나다움'을 존중받으려면 내가 먼저 '남다름'을 존중해야 한다.

데일 카네기가 말하는
가장 위대한 능력

인간은 사회적 동물로 서로 어울리며 더불어 살아간다. 사람과 사람은 만남과 마주침으로 서로 인연을 맺고 인간관계를 형성한다. 태어나면서 엄마, 아빠, 형제자매와 만나고 친척들을 만나고 성장하며, 친구, 동료, 스승 등 헤아릴 수 없이 많은 사람들을 운명적으로 만나 인연을 맺는다.

아무리 내 인생의 주인공이 나라고 해도 혼자서는 살 수 없다. 인간관계가 없다면 나는 드넓은 바다에 떠 있는 돛단배처럼 언제 폭풍우와 거센 풍랑을 만나 침몰할지 모르는 위험천만한 존재에 불과하다. 무리 지어 사는 동물들도 무리에서 쫓겨나 외톨이가 되면 결국 죽는다. 따라서 '인간관계'는 자기 삶을 좌우하는 절대적인 요소다. 그렇다면 어떻게 서로 긍정적인 관계를 맺을 수 있을까?

좋은 인간관계를 맺는 데 가장 중요한 것은 상대방에 대한 '존중'이다. 내가 나를 존중하듯이 다른 사람을 존중하지 않고서는 진정한 인간관계를 결코 맺을 수 없다. 서로 필요에 의해 이해타산적으로 맺은 인간관계는 지속되기 힘들다.

다른 사람을 존중하는 첫 단계는 '겸손'이다. 겸손은 인간이 지닌 최고의 미덕이자 인간관계의 기본이며 최고의 가치라고 할 수 있다. 겸손은 다른 사람들이나 상대방에게 자신을 낮추는 것이다. 자신을 낮추고 상대방을 존중하는 사람에게 반발할 수는 없다. 분위기가 단번에 부드러워진다.

부부가 함께 산책하는데 어디서 이상한 소리가 들려왔다. 아내는 닭이라고 하고, 남편은 거위 소리라고 했다. 부부는 서로 조금도 양보하지 않고 닭이냐, 거위냐를 놓고 자기주장을 고집하며 말다툼하다가 느닷없이 과거를 들춰내 크게 싸우고 마침내 서로 말조차 하지 않는 냉담한 사이가 됐다. 닭이면 어떻고 거위면 어떤가? 누구 한 사람이 양보했다면 아무런 문제 없었을 것이다. 부부는 팔짱을 끼고 다정하게 산책을 계속했을 것이다. 진실은 마침내 밝혀진다. 겸손이란 그런 것이다.

자기를 낮추는 겸손이 아부나 아첨은 아니다. '위록지마(謂鹿之馬)'라는 고사성어가 있다. '사슴을 가리켜 말이라고 한다'

는 뜻으로, 높은 사람이 사슴을 보고 말이라고 하면 "맞습니다. 저것은 사슴이 아니라 말입니다" 하고 아부하며 농락한다는 것이다. 아부나 아첨으로는 결코 상대방과 참다운 인간관계를 맺지 못한다. 어디까지나 진정한 마음이어야 한다.

일본에 '경영의 신'으로 불리는 인물이 있다. 마쓰시타 고노스케(松下幸之助)이다. 그는 우리에게 파나소닉(Panasonic)으로 잘 알려진 마쓰시타 전기를 세워 한 시대를 풍미한 인물이다. 그는 종업원들의 평생 고용과 좋은 제품을 만들어 싸게 판다는 경영철학으로 크게 성공했으며 일본에서는 그를 영웅으로 예우한다.

그는 기업을 하나의 가족공동체로 보고 장사는 '이윤 추구가 아니라 행복을 파는 것'이라고 했다. 또한 종업원들의 인생을 책임져 최선의 결과를 도출했으며 자신의 전 재산을 사회에 기꺼이 환원했다. 그가 크게 성공할 수 있었던 밑거름이 존중과 겸손이었다. 이미 널리 알려진 얘기지만 그는 이렇게 말했다.

"나에게는 3가지 축복이 있다. 가난과 허약한 몸, 배우지 못한 것이다. 나는 집안이 가난했기에 열심히 일해야 했다. 나는 또 몸이 허약했기에 건강에 신경 썼고, 배운 것이 없었기에 학식 있는 사람들의 충고를 경청할 수 있었다."

대기업 회장으로서 이보다 더한 겸손이 있을까? 그는 집안이 가난해서 아홉 살 때 소학교(초등학교)를 중퇴했다. 그것이 학력의 전부였다. 그는 모든 사람들이 자기 스승이라고 했다. 그는 모든 사람들에게 묻고 배우는 것을 평생 게을리하지 않았다. 그는 "회사나 가게를 찾아오는 고객은 모두 신(神)과 같은 존재다. 따라서 두 손을 모으고 절하는 마음으로 고객을 소중히 대해야 한다"고 했다. 이처럼 고객들을 존중했으니 그의 사업은 성공할 수밖에 없었다.

처세술의 세계적인 권위자였던 미국의 데일 카네기(Dale Carnegie)는 ≪인간관계론≫에서 "세상에는 많은 능력이 있지만, 사람을 사귀고 친구로 만드는 능력이야말로 가장 위대한 능력이다"라고 했다.

카네기는 상대방을 설득하고 싶다면 먼저 당신이 그의 진정한 친구라는 믿음을 줘야 한다고 말했다. 이어서 "이것이야말로 사람의 마음을 움켜잡는 한 방울의 꿀이며 이성(理性)에 호소하는 최선의 방법이다"라고 말했다. 서로 참다운 친구가 되려면 겸손한 마음으로 상대를 존중하고 마음에서 우러나는 말을 주고받아야 한다.

꼬리에 꼬리를 무는
관계의 맥

나는 외국계 컴퓨터 회사에서 일할 당시에 세계 최고의 판매 실적을 올린 적이 있다. 이런 놀랄 만한 실적을 올릴 수 있었던 것은 원만한 인간관계 덕분이었다고 할 수 있다.

기업에는 영업부가 있고 영업사원이 있다. 보험사에는 고객들을 직접 대면해서 가입자를 모집하고 관리하는 보험설계사가 있다. 또한 각종 판매점에는 고객들을 직접 상대하는 판매사원들이 있으며, 제품에 따라 판매만 전문으로 하는 세일즈맨이 있다.

기업의 생산품이나 각종 제품의 품질이 아무리 우수하더라도 영업사원, 판매사원들의 인간관계가 원만하지 못하다면 경쟁업체에 고객을 빼앗긴다. '손님은 왕'이라고 하는데,

요즘 고객들은 매우 냉정하다. 제품의 품질이 나쁘거나 영업사원, 판매사원이 불친절하면 곧바로 댓글을 올려 비난한다. 그 때문에 고객의 발길이 끊기기도 한다. 그렇다면 세일즈맨은 어떠해야 할까?

앞서 말한 대로 친절은 기본이다. 자신을 낮추고 고객을 존중하며 정중하게 대해야 한다. 물론 그것이 기본적인 예의라고 하더라도 진심으로 예의를 갖춰야 한다. 특히 고객이 떠난 뒤 동료와 욕설하거나 차림새나 생김새를 비웃는 행위는 제 발등을 찍는 짓이다.

그야말로 '초심(初心)'이 중요하다. 항상 마음이 같아야 한다는 것이다. '화장실에 들어갈 때와 나올 때가 다르다'는 말이 있다. 나한테 꼭 필요할 때는 고객을 간절하게 설득했다가, 목적을 성취하고 나면 '너는 너', '나는 나'가 되어서는 안 된다.

처음부터 끝까지 변함없는 마음으로
고객과 진정한 인간관계를 맺어야 한다.
그러면 그 고객이 또 다른 고객을 추천하고, 고객이 늘어난다.
나는 이것을 단골경영이라고 이름을 붙였다.

취업난에 시달리는 사람들이 비교적 손쉽게 취업하는 곳

이 보험회사나 판매회사의 영업사원이다. 취업하면 일정 기간 실무교육을 받는다고 해도, 이들은 대부분 세일즈 경험이 없다. 그리하여 교육이 끝나고 세일즈에 나서려면 무척 어색하고 난감하다.

결국 그들은 말을 꺼내기 쉬운 가까운 친구, 친인척, 학교 동창 등에게 제품이나 상품 구입을 권한다. 그러면 상대는 그 제품이나 서비스가 꼭 필요하지 않은데도 인간관계 때문에 거절하기도 쉽지 않고 무척 부담스럽다.

세일즈맨은 자신의 목적을 달성하기 위해 남에게 피해를 주어서는 안 된다. 초보 세일즈맨들은 가까운 사람들에게 억지로 판매하고 나면 새로운 판로를 개척하기 어렵다. 그래서 직장을 그만둔다. 더없이 가까운 사람들에게 피해만 주고 끝난다. 그런 사람들은 세일즈 능력이 없는 것이다. 낯선 사람을 설득할 능력이 없다면 아무리 취업이 간절해도 세일즈맨이 되지 말아야 한다.

비록 제품 판매가 인연이 됐다고 하더라도 인간관계를 지속적으로 유지하려면 고객이었던 그 사람을 먼저 챙길 수 있어야 한다. 항상 그 사람과 연락하고 친구로서 만남을 이어가야 한다.

특히 그 사람이 어려움에 놓여 있을 때는 발 벗고 나서라. 자신의 능력껏 그 사람의 어려움을 실질적으로 돕고 위로하

라. 그 사람이 상(喪)을 당했다면 가능한 범위에서 조의금을 많이 내라. 결혼식 등의 축의금은 다른 사람들만큼 하라. 결혼식은 참석하지 않더라도 장례식은 반드시 참석해서 그 사람의 곁에 머물며 힘껏 도와줘라. 사람들은 누구나 자신이 어렵거나 슬플 때 최선을 다해 도와준 사람을 오래도록 기억한다.

버킷 리스트보다
후회 리스트

미래 준비를 위한 강의에서 청중들에게 집으로 돌아가면 꼭 실천하라고 하는 것이 있다.

바로 '후회 리스트'를 작성하는 것이다. 인생의 끝자락에서 죽어가는 순간 무엇을 후회하게 될지 떠오르는 대로 적어 본다. 예전에 내가 방송할 때의 주제였다. 나는 방송 준비를 위해 아내에게 물어봤다.

"당신이 인생을 마감할 때 뭘 가장 후회할 것 같아?"

아내는 조금도 망설임 없이 말했다.

"대학 못 가보고 죽는 것."

"그다음은 뭐야?"

"세계 일주를 못 해보고 죽는 것."

"그다음은?"

"없어!"

딱 2가지였다. 이후 아내가 말한 2가지가 내 머릿속을 떠나지 않았다. 얼마 후 나는 대학을 알아봤고, 아내는 51세에 대학에 입학해 마침내 졸업장을 거머쥐었다. 그리고 나는 10년이 넘는 동안 1년에 두 번씩 방송과 강연 일정을 미루고 아내가 가고 싶어 하는 나라를 다녀왔다.

죽을 때 후회할 것을 적어보는 목적은 미리 실행해서 후회할 일을 남기지 말자는 것이다. 이것이야말로 미래 준비에 중요한 요소 중 하나이다.

모든 일에 최선을 다하더라도 긴 인생을 살다 보면 반드시 후회할 일들이 있다. 후회 없이 한평생을 살기는 정말 어렵고 그런 사람이 있더라도 무척 드물다. 어쩌면 일을 그르치고 후회하고 반성하며 다시는 그런 실수를 되풀이하지 않겠다고 다짐하며 사는 것이 우리 인생인지도 모른다.

호주의 노인요양병원에서 간호사로 일했던 어느 여성이 노인들이 죽기 전에 가장 많이 후회하는 5가지를 책으로 엮어 베스트셀러가 되었다. 그녀는 오랫동안 간호사로 일하면서 자기가 노인들에게 질문했다기보다 노인들 스스로 자기들끼리 털어놓는 이야기를 듣고 정리한 것이었다. 죽기 전에 후회하는 5가지는 호주뿐 아니라 전 세계 어느 나라든 비슷

할 것이다.

1. 나 자신에게 정직하지 못했다. 내가 살고 싶은 삶을 산 것이 아니라, 주위 사람들에게 보여주기 위한 삶을 살았다. 내가 원했던 삶을 살지 못한 것이 후회된다.

2. 나는 일에 너무 많은 시간을 써버렸다. 가족들과 더 많은 시간을 보내야 했다. 어느 날 돌아와 보니 자식들은 이미 떠나버렸고, 부부 사이는 왠지 서먹서먹해졌다.

3. 내 감정을 솔직하게 표현하지 못했다. 내 속마음을 털어놓을 용기가 없어서 순간순간의 감정을 꾹꾹 누르며 살다가 미칠 지경에 이르기도 했다. 사랑한다고 말했어야 할 사람에게 사랑한다는 말을 못 한 것이 가장 후회스럽다. 용서를 구해야 할 사람에게 용서를 구하지 못한 것도 더욱 후회스럽다.

4. 친구들과 연락하며 살았어야 했다. 다들 죽음이 가까워왔을 때에야 얘기한다. "그 친구를 죽기 전에 꼭 한 번 봤으면" 하고.

5. 행복은 결국 내 선택이다. 훨씬 더 행복한 삶을 살 수 있었는데 추락이 두려워 변화를 선택하지 못했다. 나만 유별나게 튀어서는 안 된다는 생각으로 남들과 똑같은 일상을 되풀이했다.

동서양이 추구하는 삶의 방식이나 사고방식이 다를 수 있지만, 대부분 우리나라 노인들도 죽음을 앞두고 비슷한 후회를 할 것이다.

이 세상 사람 누구나 자기가 원하는 대로, 자기가 하고 싶은 것을 하면서 살고 싶을 것이다. 하지만 세상은 반드시 자기가 원하는 대로 되지 않는다. 성악가가 되고 싶었던 사람이 의사가 되기도 하고, 법조인이 되고 싶었던 사람이 엔지니어가 되기도 하는 것이 세상살이다. 자신의 꿈에 대한 미련을 버리고 현실에 충실해 만족감을 얻는다면 후회할 일이 아니다.

일에 많은 시간을 썼다는 후회는 공감한다. 어떤 목표를 세우고 그것을 성취하기 위해 많은 시간을 일하는 데 집중할 수밖에 없다. 또한 일하는 것이 즐거운 사람들도 있다. 자기 자신과 가족들을 위한 시간을 많이 가지려고 노력하면 죽음을 앞두고 그런 후회는 하지 않을 수 있다.

감정에 솔직하지 못했다는 후회는 어쩔 수 없는 일이다. 이 세상을 나 혼자 사는 것이 아니라 많은 사람들과 더불어 살아가면서 자신의 감정대로만 살 수는 없다. 선현들이 왜 참으라고 강조했겠는가? 원만하게 더불어 살자면 참아야 할 것들이 많기 때문이다. 다만 잘못한 일이 있어서 누구에겐가 용서를 빌어야 한다면 그것은 참을 일이 아니다. 망설이지 말고 용서를 구해야 한다. 자신이 어떤 곤혹스러운 상황에 빠지더라도 용기 있게 사과하고 용서를 구해야 한다.

친구와 자주 연락하지 못했다는 후회는 삶의 마지막 길에 누구나 할 수 있는 후회다. 하지만 오랫동안 연락하지 못한 친한 친구, 보고 싶고 그리운 친구가 있다는 것만으로도 행복하다. 그럴 만한 친구가 전혀 없는 노인들도 적지 않다. 이 글에서도 친구 얘기를 많이 했는데, 친구는 인생의 동반자이다.

행복은 자신이 선택하는 것이다. 그러나 추락이 두려워 변화를 선택하지 못했다는 후회는 굳이 할 필요 없다. 변화를 선택한다는 것은 하나의 도전이다. 그러나 '오늘'과 '지금'에 충실하고 최선을 다한다면 후회하지 않아도 된다.

돈을 더 많이 벌지 못했다는 것, 자식들을 더 잘 키우지 못했다고 후회한 노인은 한 사람도 없었다고 한다. 그것은 우리와 차이가 있다. 우리나라의 많은 노인들은 돈을 많이 벌지 못한 것과 자식들에게 더 잘해주지 못한 것을 후회한다. 그리고 그것이 눈감을 때까지 한(恨)이 된다.

자신이 진정으로 최선을 다했다면 결과에 집착할 일이 아니다. 죽을 때 돈을 관 속에 넣어가는 것도 아니고, '거센 풍랑이 뱃사공을 키운다'는 옛말처럼 자식들도 어려움 속에서 자생력을 키워야 더욱 훌륭하게 성장할 수 있다.

죽는 날까지 어떤 후회도 하지 않으려면 사랑을 미루지 말자. 진정으로 자신을 사랑하고 배우자를 사랑하고, 자녀들을 사랑하고, 이웃과 사회를 사랑하다가 눈을 감는다면 무슨 후회가 남겠는가? 사랑은 뒤로 미루거나 망설일 일이 아니다.

지금 당장 세상의 모든 것을 사랑하라. 후회가 남지 않도록.

죽기 직전에
가장 후회하는 3가지

우리 인생이 행운과 성공으로만 이어질 수는 없다. 그렇다면 오히려 무미건조한 인생일 것이다. 맑은 날이 있으면 궂은날이 있듯이, 기나긴 인생에서 많은 우여곡절과 실패를 겪고, 후회하기도 한다. 실패는 오히려 값진 경험으로 성공의 밑거름이 된다. 그러나 후회는 돌이킬 수 없다. 엎질러진 물이다. 후회할 때는 이미 늦은 것이다. 더욱이 노년의 후회는 안타깝다.

대부분의 우리는 일찍부터 입시교육에 매몰된다. 특히 대학입시는 인생의 관문이다. 정말 열심히 공부했지만 자기 실력으로 원하는 대학에 갈 수 있을지, 지금까지 뒷바라지해온 부모님과 함께 망설인다. 부모님은 기대치를 높여서 좋은 대학에 진학하기를 원하지만 결국 합격할 수 있는 곳으로 안전하게 지원한다.

그리하여 소신 지원보다 눈치 보기가 시작된다. 오직 대학에 합격하기 위해 경쟁률이 낮은 비인기학과를 선택한다. 학생은 내가 하고 싶었던 전공, 내 적성에 맞는 전공이 아니기에 대학 공부에 소홀하고 졸업한 뒤 엉뚱한 진로를 걷는다. 그래서 뒤늦게 후회하는 경우가 많다. 재수를 하더라도 내가 원했던 전공을 선택하는 것이 바람직하다.

결혼도 그렇다. 서로 진정으로 사랑하는 연인과 결혼하기도 하지만, 중매나 주변의 소개로 조건에 맞는 상대를 고를 때가 있다. 이를테면 배우자의 부모에게 경제적 도움을 기대하고 부유한 집안의 사람과 결혼한다. 그러나 원하는 조건에 맞춰 결혼하면 결국 그 조건 때문에 헤어지게 되는 경우가 비일비재하다. 왜 내가 진심으로 사랑했던 이성과 결혼하지 못했던가? 후회해봤자 이미 엎질러진 물이다. 다시 주워 담을 수 없다.

사회생활을 하면서 믿었던 학교 동창에게 사기를 당하기도 하고, 예전에는 단짝 친구의 금전적 보증을 섰다가 낭패를 보고 고생하기도 했다. 주식이나 가상화폐(코인)에 투자했다가 크게 실패해서 후회하기도 하고, 큰 손실을 만회하려고 투기했다가 더욱 큰 손해를 본다. 물론 모든 사람들이 그런 것은 아니다.

하지만 일반적으로 인생에서 많은 사람들이 후회하는 3가지는 '참을걸, 즐길걸, 베풀걸'이라고 한다.

그때 내가 조금만 참았더라면 내 인생이 이렇지는 않았을 텐데. 벌컥 화를 내고 상처를 입히고 "꼭 필요했던 그 사람과 원수지간이 되는 바람에 내 삶이 빗나가기 시작했어" 하고 후회한들 이미 늦다. 몹시 화가 날 때 30초만 참으라고 했다.

성경에도 화 자체는 죄가 아니라고 말한다. 다만 화가 나서 죄를 짓지는 말라고 했다. 화가 날 때는 화를 내는 것이 좋다. 하지만 침착하고 이성적이어야 한다. 감정에 치우쳐 크게 화를 내기 시작하면 상대방도 맞대응하게 되고 점점 과격해지면서 엉뚱한 짓을 하게 된다.

이 세상을 자기 성질대로 살 수는 없다. 여러 이유로 성질을 참고 억눌러야 할 때도 있고, 자신의 욕망과 욕구를 절제해야 하기도 하고, 억울해도 참아야 할 때도 있다.

횡단보도를 건널 때 아무리 급해도 참고 서 있다가
파란 불이 들어오면 건너야 한다.
참아야 할 때 참지 못해 결국 일을 그르치고
뒤늦게 후회하는 어리석은 행동을 하지 말아야 한다.

'즐길걸' 하는 후회는 방종과 방탕한 생활을 마음껏 해보지 못했다는 후회가 아니다. 쾌락을 말하는 것이 아니다. 누구나 자기가 하고 싶은 것, 자기가 좋아하고 잘할 수 있는 일을 할 때 즐겁다. 무엇이든 억지로 하면 즐거울 수 없다. 악기를 배우고 싶어서 배우면 그 과정이 즐겁다. 자기 적성에도 맞지 않는데 누가 시켜서 억지로 배워야 한다면 즐거울 수가 없다.

유감스럽게도 우리는 자신에게 주어진 환경과 조건들 때문에 자기 뜻대로, 자기가 하고 싶은 것들을 마음껏 즐기며 살기 어렵다. 누구나 '즐길걸' 하고 후회한다. 하지만 지금도 늦지 않았다. 나이에 상관없이 즐기면서 살아가는 지혜가 필요하다. 만나면 즐거운 사람들과 만나고, 먹고 싶은 것을 먹어라. 오늘이 즐거우면 어제의 즐겁지 못했던 것들은 잊혀진다.

'베풀걸' 역시 아등바등 허우적거리며 살아오느라 자신에게 필요하고 도움이 되는 것들만 해왔지, 남을 위해 무엇을 베풀 여유가 없었다는 뜻이다. 그러나 핑계일 수 있다. 거액을 기부하고 기증하는 것만 베푸는 것이 아니다. '백짓장도 맞들면 낫다'는 옛말처럼 아주 사소한 것이라도 남에게 도움이 된다면 베풀었다고 할 수 있다.

예로부터 훌륭한 사람, 인성이 좋은 사람을 '덕(德)이 있는 사람'이라고 했다. 덕이란 무엇인가? 쉽게 말하면 고마운 사람, 남에게 고마움을 주는 사람이다. 이제부터라도 남들이 고

마워할 일을 하면 그것이 베푸는 것이다.

삶을 마감할 때 많은 사람들이 안타까워하는 것이 또 하나 있다. '재산이 아까워 쓰지 못하고 죽는 것'이다. 아무리 재산이 많으면 무엇 하나? '죽을 때 싸가지고 가는 것도 아닌데', '관 속에 넣어 갈 것도 아닌데' 말이다.

그렇다고 돈을 펑펑 써버려 죽기 전에 재산을 탕진하라는 얘기가 아니다. 검소하고 절제된 생활로 재산을 모았다면 자랑스러운 일이다. 하지만 자기 자신과 가족들을 위해, 또 남들을 위해 돈을 아끼지 않는 것도 노후를 보람 있게 사는 것이며 후회하지 않을 일이다.

자녀들이 부모에게 유산을 상속받기만을 눈이 빠지게 기다리고 있다면, 대부분 올바른 생활을 하지 못한다. 왜냐하면 상속받으면 어디에 쓸지부터 생각하기 때문이다. 자녀에게는 자립심, 독립성을 키워주는 것이 가장 좋은 상속이다.

죽기 전에 재산을 아끼지 않고 썼지만 그래도 여유가 있다면 자신이 원하는 곳에 기부하거나 기증하는 것도 가치 있는 일이다. 서양의 재산가들은 기부를 하고 'ㅇㅇ기념관', 'ㅇㅇ홀'과 같이 자신의 이름이 붙은 기념물을 남긴다. 자신의 좋은 이미지를 남기는 것도 축복받을 행복한 일이다.

다 버리고도 충분하다

"버리고 갈 것만 남아서 참 홀가분하다."

대작 ≪토지≫로 잘 알려진 박경리 소설가가 말년에 남긴 말이다. 그녀는 노년이 되자 자신의 주변을 차분하게 정리했던 것 같다. 평생 글을 쓴 분으로 자신의 소유물들이 상당했을 것이다. 그런데 그것들을 말끔하게 정리하고 자신이 눈감으면 유족들이 버릴 것만 남겨놓고 홀가분하게 남은 시간을 보냈다.

누구나 살아 있는 동안에는 자신이 영원히 죽지 않을 것 같지만 언젠가는 죽는다. 나이가 들면 "나도 이제 죽을 나이가 됐어"라는 말을 자주 한다. 그래서 가끔 자신이 죽는 것에 대해 생각해보지만 아직 살아 있기에 곧 잊어버리고 일상생활로 돌아간다. 죽음을 생각하지만 대비는 전혀 하지 않는 것이다.

장수시대에 긴 인생을 살다 보면 수없이 많은 흔적과 발자취가 남아 있기 마련이다. 아울러 수많은 물품이 남아 있다. 자신에게 소중한 애착물도 있고, 소장품도 있고, 늘 사용하던 생활용품들도 있고, 없애기에는 아까운 것들도 많다. 하지만 내가 죽으면 모두 유품이 된다. 자신이 죽을 날을 미리 알 수 있다면, 더구나 그날이 멀지 않았다면 서둘러 정리했을 것이다. 죽음에도 준비가 필요하다는 얘기다.

삶의 흔적에는 추억과 기억이 있다. 반드시 그렇지는 않지만 추억은 대개 즐겁고 흐뭇하고 보람된 것들이 많고, 기억은 잊지 못할 일, 잊을 수 없는 일, 가슴 아픈 일들이 많다. 그것들을 머릿속에서 말끔하게 지워버릴 수는 없다. 그러나 미련이 남은 것들이 있다면 죽기 전에 매듭을 짓는 것이 마음 편하다.

이를테면 어떤 이유로 서로 등지고 살아온 친구, 동료, 선후배, 일가친척을 용서하거나, 내가 잘못한 것이 있었다면 용서를 빌어 마음의 응어리를 푸는 것이 좋다.

우리는 인사말을 하든, 강연하든, 어떤 모임을 갖든, 마지막에는 '감사합니다'라고 끝맺음한다. '감사합니다'는 정말 아름다운 말이다. 나는 나만의 방식으로 이렇게 표현한다.

"감+사합니다." 이것은 감사와 사랑을 더한 합성어다. 예전에 교육할 때 "사랑합니다"라고 했더니, 교육생 중 한 분이 일반적으로 '사랑합니다'라는 말은 오해할 수 있으니 조심해서 사용해야 할 것 같다고 말했다. 이후에 감사의 마음과 사랑의 마음을 오해 없이 전할 수 있는 방법을 찾다 생각해낸 나만의 표현이다.

나이가 들어 인생의 끝을 향할 때도 '감+사합니다'를 잊지 말아야 한다. 지금까지 함께해준 가족, 친지, 나하고 인연을 맺은 사람들, 공동체, 모든 것들에 감사함을 잊어서는 안 된다.

모든 것들에 감사하면 내 마음이 편하다. 주변을 차츰 정리하고, 마음이 편하면 죽음이 다가와도 당황하지 않고 두렵지 않다. 그야말로 버리고 갈 것만 남아서 홀가분하다.

나는 이 생명이 끝나는 순간 꼭 해야 할 말을 연습하면서 살아간다. 그건 바로 '감+사합니다' 이 한마디다.

인생 100세에도
꿈꾸는 삶이 있다

우리 주변의 많은 노인들이 겪는 4가지 대표적인 고통은 질병, 가난, 외로움, 무위도식이다. 이 4가지에 해당하지 않는다면 축복받은 노인이다.

지병이 없는 노인은 드물다. 특정한 병, 당장 병원에서 치료받아야 할 병이 없다고 하더라도 나이에서 오는 성인병이 있다. 고혈압, 당뇨, 소화장애, 어지럼증, 난청과 이명, 노안, 전립선, 관절염 등 신진대사가 원활하지 못하고 면역력이 떨어져 나타나는 여러 증상들이 있다. 치아도 약해지고 하나씩 빠져 임플란트를 하거나 틀니를 해야 한다. 모두 노화 현상이라고 할 수 있다.

따라서 많은 노인들이 약을 달고 산다. 스스로 자신은 종합병원이라고 넋두리하는 노인들도 적지 않다. 정기적으로 병원에 가서 처방받고 약을 한 보따리씩 들고 약국을 나선다. 복용하는 약이 너무 많아 자신도 헷갈릴 때가 있다. 안타까운 얘기지만 그렇게 온갖 지병에 시달리다 세상을 떠난다.

한창 젊은 나이에는 영원히 건강할 것 같지만 큰 착각이다. 나이가 들면서 특정한 부위가 아니라 전반적으로 건강이 나빠지기 시작하다가 어느 순간 급격하게 안 좋아진다. 그제야 건강에 신경을 쓰고 나름대로 대책을 세우지만, 뒤늦게 후회한들 무슨 소용이 있겠는가.

건강에 이상이 생기면 종합검진부터 받아 자신의 질병을 정확하게 파악해야 한다. 그리하여 증세가 심각하지 않다면 너무 예민하게 반응할 필요 없다. 대부분 비만을 걱정하지만 중년이 넘어서면 약간 비만이 정상이다. 약간 비만인 사람이 비쩍 마른 사람보다 오래 산다고 한다.

혈압이 약간 높은 것도 괜찮다고 한다. 노년이 되면 혈관이 딱딱해지고 낡아서 제대로 수축 작용을 하지 못하는 상태에서 혈액을 온몸에 보내려면 혈압이 약간 높아질 수밖에 없다. 당뇨도 혈당 수치가 정상치보다 조금 높다고 걱정할 일은 아니다. 낮은 것보다 조금 높아야 신진대사가 원활하다.

건강에 신경 써야 하지만 지나치게 예민하면 정신 건강에도 나쁘고, 오히려 병을 부를 수 있다. 약은 필요하지만 모든 약에는 독성도 있다. 또한 내성이 있어서 상습적으로 복용하게 되는 약물도 있다.

병은 광고하라는 말이 있다. 주변에 자신의 병을 알려야 여러 사람에게 조언을 들을 수 있다. 아울러 이런저런 약물이나 병원 등을 추천받기도 하는데, 그런 것들에 너무 현혹돼서는 안 된다. 사람마다 체질이나 신체 조건이 다르기에 다른 사람에게 큰 효과가 있었던 약물이라고 해서 나에게도 똑같이 적용되는 것은 아니다. 병원도 선전과는 다른 경우가 흔하다.

결국 자신의 질병은 자신이 관리하는 수밖에 없다.
너무 무관심하거나 지나치게 예민해도 좋지 않다.

현상 유지가 최선이라는 생각으로 편한 마음가짐으로 규칙적으로 약을 복용하고, 정기적으로 병원을 찾는 것이 좋다. 노년의 지병은 자신의 동반자이자 친구로서 죽을 때까지 함께한다는 긍정적인 마음가짐도 필요하다.

노년에 이르러 가난보다 더 괴로운 것은 없다. 나이가 많아 노동할 수 없고, 부양해줄 가족도 없다면 더욱 초라하다. 자식이 있더라도 도움은커녕 자기 살기에도 바빠 얼굴조차 볼 수 없다면 세상과 등진 채, 오직 늙은 부부가 가난으로 큰 고통을 받으며 그저 목숨을 유지하는 경우가 적지 않다. 그렇다고 앞으로 나아질 일도 전혀 없다.

우리나라 노인 빈곤율은 OECD 35개국 가운데 가장 높다. 2018년 기준으로 45.7%, 노인의 절반이 가난에 시달리고 있다. OECD 평균 빈곤율은 12.9%이니 우리 노인들이 참으로 불우한 노후를 보내는 것이다.

눈에 띄게 가난한 노인은 이웃도 가까이하려고 하지 않는다. 다행히 지자체의 복지정책으로 요양사가 가끔 방문하거나 먹거리를 전해주기도 하지만, 노령연금이나 영세민으로서 생활기초자금을 지원받는 것이 전부다. 그러나 앞서 말했듯이 노인들은 약값이 생활비에서 절대 비중을 차지한다. 게다가 공공요금과 물가는 끊임없이 오른다. 전기료, 수도, 가스비, 최소한의 난방비 등만 하더라도 만만치 않다. 이런저런 복지 혜택을 받더라도 턱없이 모자란다.

원칙적으로 부양할 가족이 있다고 판단되면 복지 혜택도 무척 까다롭다. 가령 자녀가 있고 뚜렷한 직업이 있으면, 자녀와 단절돼 있어도 부양해줄 가족이 있는 것으로 판단한다. 그런 사실이 가난한 노인들을 더욱 고통스럽게 한다.

노인들의 가난에 대해서는 특별한 해결 방법이 없는 것이 사실이다. 정부나 지자체에서 최대한 지원해주는 것이 최선이다. 사람은 누구나 늙는다. 자신의 미래는 아무도 모른다. 최소한의 안정된 생활을 할 수 있도록 정부와 지자체가 적극적으로 복지 혜택을 늘리고, 너나없이 이웃 돕기와 자원봉사에 앞장서 주기를 기대할 뿐이다.

노인들의 가장 큰 문제 가운데 하나가 외로움이다. 특히 혼자 사는 노인의 외로움은 사회문제이기도 하다. 가족, 즉 배우자나 자녀 없이 혼자 사는 노인을 '독거노인' 또는 '홀몸노인'이라고 한다. 이러한 표현이 부정적이라고 해서 요즘은 1인 가구에 포함하거나 '1인 가구 어르신'이라는 표현을 쓰기도 한다.

2021년 현재 우리나라 독거노인의 수는 약 167만 명이다. 개인주의가 심해지면서 앞으로 더욱 늘어날 추세다. 이들 가운데 약 42%는 가족이나 이웃과 완전히 단절된 채 살아가고, 약 90%가 한 가지 이상의 만성질환을 지니고 있으며, 3분의 1이 매주 한 끼 이상을 굶고, 매주 5끼 이상을 굶는 노인도 약 20%나 된다.

독거노인에게는 친구가 거의 없다. 친구가 3명만 있어도 행복하다고 하지만, 젊은 사람도 참다운 친구 3명을 두기가 쉽지 않다. 하물며 노인들은 참다운 친구가 있었더라도 나이 들어 하나씩 먼저 세상을 떠난다. 또 외국으로 이민 간 친구도 있고, 살아가는 환경이 너무 달라 일찍이 단절된 친구도 있다. 또한 노인은 새로운 친구를 사귀기가 쉽지 않다. 그리하여 마침내 진짜 독거노인, 무연고자가 된다.

하루 종일 대화할 상대도 없으니 정말 외롭다. 하루하루가 지루하고 우울하다. 혼자 살면 하루 세끼 챙겨 먹는 것도 귀찮다. 그래서 툭하면 끼니를 거른다. 정신 건강, 신체 건강이 모두 갈수록 나빠진다. 항상 우울한데 몸까지 아프면 사는 것도 귀찮고, 그러다 보면 오래 살아야 할 이유나 의미마저 없어진다. 그 때문에 독거노인들이 극단적인 선택을 하는 것이다. 우리나라는 노인 자살률도 OECD 국가들 가운데 가장 높다.

그렇지 않으면 혼자 앓다가 고통스럽게 눈을 감는다. 이른바 '고독사'다. 모든 사람들과 단절돼 있으니 외부 사람들이 전혀 모른다. 그 때문에 죽은 지 여러 날이 지나서야 우연히 발견되고, 심지어 백골 상태로 발견되기도 한다. 장례를 치러줄 사람이 없으면 무연고 사망자가 된다. 무연고 고독사가 한 해에 2천 명이 넘는다.

물론 독거노인들에게 전혀 도움이 없는 것은 아니다. 지자체에서 운영하는 생활관리사가 방문하기도 하고, 돌봄 서비스를 통해 갖가지 도움을 받기도 한다. 하지만 현실적으로 큰 도움이 되지 못한다. 독거노인이 외로움에서 벗어나려면 스스로 노력해야 한다.

그것은 스스로 사회와 연결고리를 만드는 것이다. 요즘은 삼촌, 고모, 이모, 사촌도 없다고 말한다. 저마다 자신의 사는 환경과 방식에 빠져 있어서 일가친척에게 별 관심이 없을 뿐 아니라, 독거노인이 연락이라도 하면, 혹시 무슨 부탁이나 도움을 요청하는 것 아닌가 하고 경계한다. 멀리 떨어져 사는 자식에게 연락하면 "저도 저 살기에 바빠요! 아버지(어머니)는 아버지대로 사세요!" 하며 벌컥 화를 내고 전화를 끊는다.

그렇더라도 좌절하거나 체념해서는 안 된다. 외로움에서 벗어나려면 가만있지 말고 발품을 팔아야 한다. 시골 노인들은 아무리 어렵게 살아도 극단적인 선택을 하는 경우가 거의 없다. 젊은이들이 도시로 떠나고 없어도 노인들끼리 어울려 살기 때문이다. 마을회관에 모여 함께 하루를 보내고, 마을 주민들이 한가족처럼 서로 허물없이 지낸다.

도시에도 노인회관과 노인학교도 있다. 그런 곳에 나가서 자신의 존재를 알려야 한다. 노인들끼리 취미활동을 한다면 더욱 좋다. 여러 노인들과 어울리다 보면, 자신과 처지가 비슷한 사람을 만나서 친구가 될 수 있다.

그런 친구와 자주 만나면서 교류하면
고독사하는 일은 없을 것이다. 자존심과 욕망, 고집 따위를
내려놓고 겸손해야 하며 마음을 비워야 한다.
자신을 낮춰야 남에게 다가가기 쉽다.

'무위도식'도 그렇다. 거동이 불편하다는 이유로 집 안에

틀어박혀 하릴없이 지낸다면 삶이 너무 무의미하다. 노년이 되어 하는 일이 없는 것은 어쩔 수 없는 일이다. 하는 일이 없으면 하루하루가 몹시 지루하다. 그냥 무의미하게 세월을 보내면서 "이렇게 살아서 뭐 해?" 하고 스스로 한탄한다.

움직일 수만 있다면 매일같이 밖에 나가는 것이 건강에도 좋다. 걷기 운동도 되고 공기가 맑은 공원에 앉아 있어도 집 안보다 낫다. 65세 이상의 노인은 지하철이 공짜다. 노인들은 흔히 '지공'이라고 줄여서 말한다. 나이를 알 수 없는 노인에게 '지공'이냐 아니냐를 묻기도 한다.

지하철은 노선도 다양하고 역들도 많다. 계획을 세워 지하철을 타고 차례대로 낯선 곳을 찾아가는 것도 무위도식에서 벗어나는 방법이다. 낯선 곳의 유적이나 명승지를 찾아보고 그곳의 5일장 같은 풍물을 즐기다 보면 하루가 금방 지나간다. 좋은 여행도 되고, 즐겁고 재미있을 것이다.

나이 들어서 욕심을 버려야 하는 것은 당연하지만 꿈마저 버리면 그야말로 무위도식하게 되는 것이다. 내가 무엇을 이룩하겠다, 내가 무엇으로 성공하겠다는 것들만 꿈이 아니다. 노인에게는 오늘 하루를 어떻게 보내겠다, 내일은 무엇을 하겠다 하는 것도 꿈이 된다. 계획이 있는 삶, 꿈이 있는 삶은 기대감과 즐거움을 가져다준다. 노년이라고 마음까지 약해지면 안 된다.

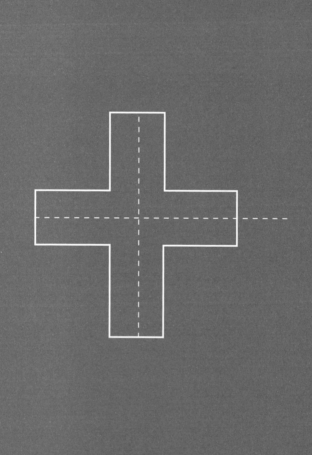

품격 있는 인생은
얼마인가?

원하는 대로 살 수 있는
딱 그만큼

우리가 살아가려면 뭐니 뭐니 해도 돈이 있어야 한다. 돈이 있으면 못 할 것이 없고 안 되는 일이 없다. 전통적으로 가난하게 살아온 우리 민족은 돈이 최고의 가치관이 될 수밖에 없었다. 근래 들어 지나친 배금주의와 물질만능주의를 배척하는 움직임도 있지만 돈이 없으면 원활한 활동을 할 수 없다.

우리는 1960년대 이후, 경제개발을 통해 '한강의 기적'을 이룩하고 선진국 대열에 다가서고 있다. 국민의 생활수준도 크게 향상된 것이 사실이다. 그것은 곧 그 전과 비교해서 돈을 많이 벌었다는 의미이기도 하다. 우리가 안정적으로 사람답게 살려면 도대체 돈이 얼마나 있어야 할까?

우리나라 상위 1%의 부자는 빚이 없고 평균 재산이 32억

8천만 원, 월 소득 2억 1,600만 원, 자산 중에 부동산이 80% 이상이다. 대부분은 상위 1%의 부자가 되는 것에는 별 관심 없고, 그저 먹고사는 데 지장 없고 여유롭게 생활할 수 있다면 그것으로 만족한다. 다시 말해 중산층만 된다면 더 바라지도 않는다.

흔히 국민의 경제 수준은 항아리형을 이상적이라고 한다. 상위층과 하위층이 적고 가운데 중산층이 많은 형태이다. 선진국들은 당연히 그러하고 우리나라도 항아리 형태가 되어가고 있는 것은 사실이다. 수치상으로는 우리 국민의 약 60%가 중산층이라고 한다. 그렇다면 우리나라 중산층의 기준은 어떠할까? 직장인들을 대상으로 조사한 결과 우리나라 중산층의 기준은 다음과 같다.

1. 빚이 없고 30평 이상의 아파트 소유

2. 월급이 월 500만 원 이상

3. 2000CC급 승용차 소유

4. 예금 잔고가 1억 원 이상

5. 1년에 한 번 이상 해외여행

선진국의 중산층 기준을 살펴보면 우리와 사뭇 다르다. 프랑스는 정부가 정한 기준에 따르면, 외국어를 한 가지 이상

할 수 있고, 직접 즐기는 스포츠가 있어야 하며, 다룰 줄 아는 악기가 있어야 하고, 남들과 다른 맛을 낼 수 있는 요리를 만들 수 있어야 하고, 공분(公憤)에 의연히 참여하고, 약자를 돕고 봉사활동을 꾸준히 해야 한다는 것이다. 미국과 영국도 크게 다르지 않다.

우리나라가 물질적 기준이라면 선진국들은 정신적 측면을 기준으로 삼고 있다. 선진국들은 이미 국민 대다수가 잘 살고 있기 때문에 그럴 수도 있다. 또는 노블레스 오블리주(noblesse oblige)를 추구하는 그들은 우리하고 가치관이 다를 수도 있다.

어찌 되었든 자신의 현재 상황을 우리나라 중산층 기준과 비교해보라. 물론 기준을 넘어서는 사람들도 있겠지만 기준에 못 미치는 사람들도 적지 않을 것이다. 더욱이 부모의 집을 떠나서 독립적인 생활을 하는 젊은 세대는 대부분 중산층의 기준에 못 미칠 것이다. 그렇다면 어떻게 해야 자신의 경제 수준을 중산층으로 끌어올릴 수 있을까?

일확천금을 기대하며 꾸준히 복권을 사고, 때로는 투기와 도박도 해보지만 부질없는 짓이다. 가장 확실한 방법은 첫째, 자신에게 주어진 현실에 충실하는 것이다. 이를테면 직장에서 더욱 열심히 일하면서 능력과 성실을 인정받아 승진을 거듭해서 간부나 임원이 되면 월급도 크게 올라 중산층이 될 수 있다.

그 밖에 검소하고 절약하는 절제된 생활로 저축을 늘려가는 것이다. 불법이나 탈법 행위, 남에게 손실을 끼치는 행위가 아니라면 수단 방법을 가리지 말아야 한다. 부부 맞벌이라면 저축이 더욱 유리하다. 투잡이든 쓰리잡이든 돈을 모으기 위해 시간을 아껴야 한다.

투자에는 신중해야 한다. 큰돈을 벌 욕심으로 주식이나 펀드, 가상화폐(코인) 등에 투자하지만 성공보다 실패할 확률이 더 높다. 굳이 하더라도 한 종목에 몽땅 투자하는 이른바 '몰빵'은 하지 말아야 한다. 또한 어쩌다 주식투자로 제법 큰돈을 벌면 다니던 직장을 그만두고 주식에 매달리는 경우가 많은데 어리석고 무모한 짓이다. 주식에는 확실한 법칙이 없다. 자신의 분석과 예상이 빗나가는 경우가 너무 많다. 투기가 아닌 투자를 하고 반드시 안전한 예금도 준비해야 한다.

저축해서 목돈을 만들면 그 돈을 투자해서 크게 불리려고 한다. 한때는 많은 사람들이 부동산 투자로 쏠쏠한 수익을 얻었지만, 지금은 거품이 빠지고 하락하는 추세이다. 뿐만 아니라 부동산 투자 사기도 있고, 비양심적인 이른바 기획부동산들의 현혹도 많다.

적은 돈으로 큰돈을 벌 수 있다는 기대에서 이른바 갭(gap) 투자를 많이 한다. 갭투자는 주택의 매매 가격과 전세 가격의 차이가 적은 주택을 전세를 끼고 매입한 뒤 시세차익을 노리는 투자를 말한다. 역시 각종 사기가 늘어나고 주택 가격의 하향 안정 추세로 조심할 필요가 있다.

경제적으로 중산층 이상이 되려면 자신의 현실이 아무리 팍팍하더라도 돈을 모으고 늘려야 한다. 그래야 생활에 큰 불편이 없고, 자신의 욕구를 어느 정도 충족할 수 있다. 확실한 노후 대책을 세우고 있다면 굳이 상위층, 중산층을 따질 것이 없다. 자신이 필요할 때 부담 없이 쓸 수 있는 돈이 있다면 그것으로 충분하다.

'이생망'이 아닌 '갓생'

요즘 젊은 세대들이 즐겨 쓰는 유행어 가운데 '갓생'이라는 신조어가 있다. '갓생'은 영어의 'god'과 한자 '生'을 합친 말이다. 굳이 풀이하자면 '신(神)처럼 살다'라는 뜻으로, 자신만의 뚜렷하고 분명한 삶의 목표를 설정하고 그것을 실천해가는 성실한 삶을 나타내는 말이다.

누구나 자기가 원하는 대로 살고 싶어 한다. 자기만의 특별한 삶을 꿈꾸기도 한다. 또한 한 번뿐인 삶, 누구보다 멋지게 살고 싶어 한다. 그러나 인생은 반드시 내가 원하는 대로 되지 않는다.

자신이 속한 사회와 주어진 환경에 따라

현실은 만만치 않고 미래는 불확실하다.
그렇더라도 현실을 긍정적으로 받아들이고 자신이 세운 목표를 향해
성실하게 나아가는 '갓생'은 매우 건전하고 생산적이다.

한때 '욜로(YOLO)'라는 말이 유행했다. 'You Only Live Once(단 한 번뿐인 인생)'의 머리글자로, 불확실한 미래를 걱정하며 대비하기보다 현재 자신의 즐거움과 행복을 위해 최선을 다하겠다는 삶의 방식이다.

인생은 속도가 아니라 방향이다. 내가 어디로 갈 것인가? 나는 무엇을 하며 어떻게 살아야 할 것인가? 젊은 세대들에게는 그것이 가장 큰 고뇌다. 내 집 마련, 결혼, 노후 대책 등 숱한 과제들이 놓여 있지만 현실은 녹록지 않다. 아무리 열심히 일하고 저축하더라도 내 집 마련은 10년 넘게 걸리고, 결혼하자면 비용이 만만치 않다. 노후 대책은커녕 결혼조차 어려운 것이 현실이다.

그 때문에 고통받기보다 차라리 당장 오늘의 삶에 충실하며 삶의 질을 높일 수 있는 것들과 자기계발에 아낌없이 투자하는 것이 욜로이다. 어찌 보면 사치와 낭비인 것 같지만 그보다는 자신의 이상을 실천해가는 과정이라고 할 수 있다. 하지만 '욜로'보다 '갓생'이 한 걸음 더 발전하고 훨씬 생산적이다.

만만치 않은 현실에서 자신이 세운 인생 목표를 한 걸음씩 실천해나가자면 수많은 어려움이 뒤따른다. 사실상 가장 큰 어려움은 돈이다. 돈이 있어야 자신이 원하는 것을 할 수 있는 세상이다. 돈이 없으면 아무것도 할 수 없다. 또한 노후 대책에 이르기까지 자신의 원대한 목표를 실천해나가려면 당장의 욕망과 욕구를 억누르며 검소하고 절약하는 절제된 생활로 열심히 돈을 모아야 한다.

그에 따라 '갓생'과 함께 젊은 세대들 사이에서 유행하는 것이 '짠테크'다. '짜다' 또는 '짠돌이'와 재테크를 합친 말이다. 짠돌이처럼 지출을 최대한 줄이고 한 푼이라도 돈을 모으자는 것이다.

젊은이들이 가장 많이 활용하는 것이 자신들에게 익숙하고 특별히 발품을 팔지 않아도 되는 온라인 매체들이다. 중고품 거래, 블로그 운영, 스마트폰 앱 활용 등 다양하다. 구입했던 책도 다 읽고 나면 중고로 팔고, 꼭 필요한 것들은 중고품 거래 사이트에서 싼값에 산다. 부지런히 여러 사이트를 검색해서 10원이라도 더 싼 곳을 찾는다. 아울러 온라인 이용자들끼리 정보를 공유하기도 한다.

카페나 음식점에서는 기프티콘을 이용한다. 기프티콘은 스마트폰 문자 메시지로 전송되는 온라인 선물 쿠폰, 선물 교환권 등을 말한다. 친구에게 선물할 수도 있다. 또한 커피전문점,

음식점 등에서 쿠폰을 주는 곳이 많다. 그것을 일정량 모으면 공짜로 제공하거나 크게 할인해준다. 해외여행이나 출장이 잦은 사람들이 항공사 마일리지를 이용하는 것과 같다.

쓸데없는 지출을 막기 위해 체크카드를 이용한다. 가령 일주일 지출을 설정해놓고 그것을 초과하지 않는다. 아울러 은행 계좌 자동이체를 이용해서 연체료나 수수료를 아끼고, 전기, 수도, 가스 등 공과금도 최대한 절약해서 낭비를 줄인다. 음식값에 포함되는 배달료를 줄이기 위해 음식 배달을 주문하지 않고 도시락이나 김밥 등을 먹는다. 빈 술병이나 입지 않는 옷도 판다. 양주병은 제법 비싸다. 또 스마트폰 앱을 잘 이용하면 푼돈을 벌 수도 있다.

낭비를 줄이고 절약하는 검소한 짠테크는 '갓생'을 위한 하나의 건전한 생활방식이다. 즐겁고 당당하게 실천할 필요가 있다. 그러나 남들에게 너무 쩨쩨해 보이거나 야박해 보이는 인상을 주는 것은 바람직하지 못하다. 더구나 다른 사람들에게 피해를 주어서는 안 된다. 나의 '갓생'이 있다면 다른 사람에게도 그들만의 '갓생'이 있다는 것을 알고 피해를 주지 않도록 주의해야 한다.

갓생, 짠테크는 개인주의라고 할 수 있다. 하지만 자신의 '갓생'을 위해 남의 도움이 필요할 때도 있다. 다른 사람들을 배려하고 더불어 사는 지혜를 잊어서는 안 된다.

더 벌기보다
더 잃지 않아야 하는 나이

우리 인류의 생활에서 화폐가 등장한 이래 돈은 가장 확실한 거래 수단이다. 따라서 개인이든 단체든, 모든 경제활동에는 들어오는 돈이 있고 나가는 돈이 있다. 말하자면 수입과 지출이다. 수입보다 지출이 많으면 적자이고, 수입이 지출보다 많으면 흑자이며, 모든 활동에 여유를 갖게 된다. 그래서 많은 사람들이 수입을 늘리고 지출을 줄이려고 노력한다.

그러나 아무리 지출을 줄이려고 해도 꼭 나가야 하는 돈이 있다. 예컨대 식비를 비롯한 주거비, 각종 공과금, 교통비, 외식비, 자녀의 교육비 등이다.

지출의 기준을 세우는 데 있어 먼저 알아둘 것은 자녀 중심보다 부부 중심으로 설계하라는 것이다. 예로부터 가난하게 살아온 우리는 자식들에게 가난을 대물림하지 않기 위해, 부모들은 온갖 고생을 감수하며 오직 자녀의 양육과 교육에 온몸을 던져 헌신했다. 자신들의 삶은 없었다. 오직 자녀들의 성공을 위한 희생으로 한평생을 산 것이다.

그들은 하고 싶은 것, 먹고 싶은 것, 입고 싶은 것, 가고 싶은 곳, 모든 것을 체념하고 자녀들을 뒷바라지했다. 예전에는 자녀를 많이 낳았다. 여러 자식을 제대로 키우고 가르치기 위해 시골에서는 일손을 돕는 소를 팔고 논과 밭을 팔았다. 그리하여 거의 빈털터리가 되고, 자식들이 빗나가거나 어른이 돼서도 제구실을 못 하면 외롭고 초라하고 비참하게 삶을 마감했다. 자기 인생은 없었던 것이다.

물론 지금은 그때와 많이 다르지만 대부분 사교육을 비롯한 교육비 등에 부모의 등골이 휘고, 결혼 비용까지 도와줘야 한다면 가정경제, 부모의 삶은 엉망이 되고 파탄 지경에 이른다. 자녀를 적게 낳는 저출산이나 늦게 결혼하는 만혼도 그러한 영향이 크다. 이제는 좀 냉정하더라도 자녀보다 부부 중심으로 미래를 설계해야 한다.

거듭 말하지만 요즘은 정년 개념이 없다. 우리는 60세와 65세를 정년으로 알고 있지만, 놀랍게도 최근 직장인들의 평균 퇴직 연령은 49.3세인 것으로 나타났다.

100세 시대를 살면서 50세에 퇴직하면 앞으로 40~50년을
어떻게 살 것인가? 재취업은 거의 불가능하다.
뭔가 대책이 있어야 하지 않겠는가.

그런데 우리는 아직 현실로 닥치지 않은 것에 대한 대책, 준비, 훈련 등에는 무척 소홀하다. 각종 재난 대피 훈련을 하면 장난처럼 대충 건성으로 한다. 그러다 갑자기 재난이 닥쳐야 허겁지겁 서두르고, 큰 낭패를 당하고 나서야 '소 잃고 외양간 고치는' 식으로 부랴부랴 대책을 세운다.

50세에 퇴직했다면 앞으로 50년을 살아갈 대책과 준비가 절대적으로 필요하다. '어떻게 되겠지', '설마 산 입에 거미줄 치겠어'라는 낙관주의로는 큰 낭패를 당하기 십상이다. 자녀들의 장래를 걱정하기보다 부부의 장래를 위한 철저한 대책과 준비가 필요하다.

직장생활을 시작할 때부터 우선 3대 연금은 반드시 가입해야 한다. 3대 연금이란 공적연금(국민연금), 퇴직연금, 개인연금을 말한다. 현실적으로는 지출이 부담스럽고 미래가 불확실하더라도 공적연금에 가입하면 노후에 고정수입이 생긴다. 주택연금도 있다. 자기 소유의 주택을 담보로 매월 일정 금액의 연금을 받는 것이다.

퇴직연금은 퇴직할 경우 일시불 또는 분할 지급된다. 그것

도 고정수입이다. 개인연금은 자신이 각종 금융기관의 연금 관련 상품에 가입하는 것이다. 그것 역시 정해진 납부 기간이 끝나면 지급된다. 보험도 마찬가지다. 보험 상품은 매우 다양하다. 사망보험, 암보험 등 자기 능력이 허락하는 범위에서 보험에 들어놓으면 갑작스런 불행에 대비할 수 있다. 이러한 것들은 분명 지출이지만 낭비가 아니다. 하나의 확실한 노후 대책이 된다.

그 밖에 매월 고정수입이 있을 때는 주식이나 펀드에 투자하는 경우가 많다. 하지만 이것들은 위험자산에 속한다. 요즘 같은 세계적인 불황에는 하락할 가능성이 크다. 퇴직했을 때는 차츰 줄여나가는 것이 현명하다. 또한 현역으로 있으면서 경제적으로 여유가 있다면 철저하고 신중한 검토를 거쳐 부동산을 매입해놓는 것이 가장 일반적인 노후 대책이다. 하지만 지나치게 부동산에만 몰두하면 위험하다.

전문가 못지않은 안목이 있으면 골동품, 예술품, 그림 등을 구입하는 것도 자신의 미래를 위한 대책이며 투자가 될 수 있다. 패물에는 중고가 없다. 어느 때나 시세로 팔 수 있다. 예컨대 금값은 변동이 심하다. 추세에 너무 민감하지 말고 조금씩 매입해두면 어려울 때 도움된다.

아울러 사기를 조심해야 한다. 퇴직하고 나면 수입을 위해 무엇인가 해보려는 욕구가 강하다. 이를테면 퇴직금 등을 노리고 그럴듯한 아이템을 내세워 유혹하는 사기꾼들이 많다는 것을 명심해야 한다. 부채가 있다면 그것부터 처리해야 한다. 부채가 있으면 매월 이자가 나간다.

50세를 넘어선 중년이나 노년에 일거리가 전혀 없는 것은 아니다. 현역이라고 말할 수는 없지만 지자체에서는 노인을 위한 일자리를 마련하고 있다. 매월 100만 원도 안 되는 적은 임금이지만 돈을 벌 수 있다. 매달 따박따박 들어오는 일정한 수입은 큰 도움이 된다.

나이가 들면 부부는 언젠가 이별한다. 자신이 먼저 이 세상을 떠날지, 배우자가 먼저 떠날지 알 수 없다. 가령 남편은 자신이 먼저 이 세상을 떠나더라도 아내가 10년은 더 살아갈 수 있는 대책을 세우라고 말한다.

상속을 너무 서두르지 마라. 상속하면 자녀들이 나태해질 수 있다. 자칫하면 자녀에게 외면당하기도 한다. 부모가 경제적으로 안정돼야 자녀들도 흔들리지 않는다. 부부가 함께 노후 대책을 빨리 마련할수록 좋다. 오랜 인생을 살아온 노인들이 가장 후회하는 제1순위가 노후 자금을 마련하지 못한 것이다.

돈, 쫓아가지 말고
따라오게 하라

나는 소년 시절부터 무척 어렵게 살았다. 내가 중학교 3학년 때 어머니가 고혈압 중풍으로 쓰러져 거동을 못 하셨다. 아버지는 어머니 수발을 하시느라 아무 일도 할 수 없었다. 우리 집은 더욱 궁핍해졌다.

정말 힘들게 대학까지 진학했지만 등록금이 없어서 어머니, 아버지의 금반지까지 팔아 겨우 등록금을 마련했다. 대학에서는 장학금을 꼭 받아야 했기에 정말 열심히 공부했다. 그때 나는 우리가 살아가는 데 돈이 얼마나 소중한 것인지 절실하게 깨달았다. 나는 돈의 노예나 다름없었다. 나는 돈의 노예가 아니라 기필코 돈의 주인이 되겠다고 마음속으로 굳게 다짐했다.

나는 대학교 4학년 때 결혼했다. 다행히 나를 이해하는 연인이 있었고, 그녀의 집에서도 허락해주어 일찍 결혼하게 된 것이다. 이른 나이에 서둘러 결혼한 것은 어머니 때문이었다. 병환에 전혀 차도가 없는 어머니는 죽기 전에 며느리가 해주는 따뜻한 밥 한 번 먹어보는 것이 간절한 소망이었다. 더구나 꼼짝도 못 하고 어머니 병간호로 쇠약해진 아버지 모습이 너무 안타까워 효도 한번 해보자는 결단으로 서둘러 결혼했다.

대학 시절 나는 장학금을 받았지만 경제적으로 너무 어려워 가정교사와 아르바이트를 해야 했다. 그때도 지금의 아내에게 많은 경제적 도움을 받았다. 어렵게 대학을 졸업한 뒤 ROTC 장교로 수석 임관했다. 그때 나는 노력하면 원하는 것을 이룰 수 있고, 돈도 얼마든지 가질 수 있다고 자신했다. 어느새 일등주의가 내 의식을 지배하고 있었다.

중위로 군 생활을 마친 뒤 나는 곧바로 취업에 도전했고, 조건이 괜찮은 종합상사에 들어갔다. 나는 그곳에서 무역실무를 하며 무역 부문에서 1등을 하겠다는 각오로 열심히 일했다. 하지만 나에게 필요한 것은 돈과 빠른 진급이었다. 그것만이 내가 군 생활을 할 때 가정을 도맡았던 아내에게 보답하는 길이었고, 가난과 질병으로 고통받고 있는 부모님에게 도움드릴 수 있는 최선의 방법이었다. 그리하여 나는 훨씬 조건이 좋고, 급여도 많은 외국계 컴퓨터 회사로 직장을 옮겼다.

그런데 호사다마라고 할까? 뜻하지 않았던 시련을 겪게

되었다. 새 직장에서 종합검진을 하게 됐는데 종격동 종양이 발견된 것이다. '종격동'이란 심장, 폐, 대동맥, 식도 등 우리 몸에서 생존과 관계되는 거의 모든 장기가 모여 있는 부위에서 발생하는 종양이다. 생명과 직접 관련된 아주 중요한 부위로 당장 제거 수술을 해야 했다.

가난한 사람에게는 자꾸 돈 쓸 일만 생긴다. 무척 어렵고 큰 수술이었으며 상당한 수술비가 필요했다. 친구에게 부탁하고 처가의 도움을 받아 겨우 수술할 수 있었다. 새 직장에서는 내가 아직 인턴 사원이었기 때문에 급여가 없었다. 온몸이 말할 수 없이 고통스러웠지만 서둘러 퇴원했다. 하루라도 빨리 돈을 벌기 위해 이를 악물었다.

불행은 불행을 불러온다고 했던가. 내가 힘든 수술을 한 그해에 13년간 어머니 병수발을 하던 아버지가 쓰러졌다. 확실한 병명을 알지 못했다. 오랜 세월 어머니 대소변을 받아내며 감옥 아닌 감옥에서 온갖 고생을 하면서 골병이 든 것이다. 병원에서 아버지는 인공호흡기에 의지해서 연명하고 있었는데 의사들의 소견이 전혀 가망이 없다는 것이었다.

아버지의 인공호흡기를 떼려면 내 결심이 필요했다. 치료비는 점점 쌓여가고 나는 돈이 없었다. 도저히 감당할 수 없었다. 결국 돈 때문에 나는 더 이상 아버지의 생명을 지켜드리지 못했다. 겨울이어서 잔뜩 얼어붙은 땅을 파내고 아버지를 묻었다. 지금도 지워지지 않는 나의 가장 슬픈 기억이다. 나에게는 돈이 원수였다. 아버지가 세상을 떠나고 불과 26일 만에 어머니마저 세상을 떠나셨다. 거동조차 못 하는 오랜 지병에, 남편을 잃은 충격을 견디지 못한 것이다. 나는 졸지에 부모를 모두 잃었다.

돈, 돈! 그놈의 돈 때문에 나는 자식 구실도 제대로 하지 못했다. 나는 다짐하고 또 다짐했다. 돈에 매달려 끌려가는 돈의 노예에서 벗어나 내가 돈을 지배하는 돈의 주인이 되고야 말겠다고 다시 한 번 굳게 결심했다.

돈이 인생의 전부가 아니라고 하지만, 보통 사람들에게 돈 없는 인생은 한없이 고통스럽다. 대부분의 보통 사람들은 돈에 끌려 다니며 살아간다. 그들에게는 돈이 신앙이나 다름없다.

돈에 매달리고 돈에 끌려 다니면
결코 자신이 원하는 만큼 돈을 벌지 못한다.
돈이 자신을 따라오게 하는 돈의 주인이 돼야 한다.

어느 소문난 맛집이 있다고 하자. 주인이 남다른 노력으로 온갖 정성을 다해 맛있는 음식을 개발했기 때문에 맛집으로 소문난 것이다. 먼 곳에서도 손님이 찾아와 식당은 항상 앉을 자리도 없이 붐빈다. 그러면 돈이 따라온다.

그렇다고 주인은 만족하지 않는다. 벌어들이는 돈을 어떻게 쓸 것인가? 돈에 대해서는 생각하지 않고 새로운 맛을 개발하는 데 심혈을 기울인다. 주인은 맛 개발에 신경 쓰는 것이지 돈에 대해 신경을 쓰는 것이 아니다. 맛을 개발하면 할수록 돈이 따라온다. 그가 돈의 주인인 것이다.

일본에는 100년 이상 대(代)를 이어온 전통적인 점포들이 많다. 대부분 5대, 6대에 걸쳐 이어진다. 6대째 이어온 어느 초밥집은 아들이 일류 대학에서 법학을 전공했는데도 아버지에게 초밥집을 물려받았다. 남과 다른 자기 가문의 맛있는 초밥 만드는 비법을 지켜가는 것이다. 그는 아버지에게 비법을 전수받고 그것을 지키려는 것이지 돈을 벌려는 것이 아니다. 하지만 돈이 따라오기 때문에 비법을 지키는 것이다.

우리가 직장에서 일하는 것도 마찬가지다. 자신이 맡은 일에 충실하면 매달 꼬박꼬박 월급이 나온다. 매일 출근해서 돈 계산을 하는 것이 아니다. 돈에 대해 아무런 생각을 하지 않아도 업무에 집중하고 성과를 올리면 월급이 나온다. 자신이 하는 일에 돈이 저절로 따라오는 것이다.

자신의 창의력이나 남다른 의지로 돈 벌 수 있는 아이템을 찾고 개발하면, 돈에 끌려 다니는 돈의 노예가 되지 않고 돈을 지배하는 주인이 될 수 있다. 그래서 '윤태익 위기극복 콘서트'를 진행하면서 쓴 책 제목이 ≪뜻길돈≫이다. 돈 버는 방법에 대한 책이다.

돈, 돈, 돈 하면 돈을 못 번다는 이야기다. 뜻이 있는 곳에 길이 있고 길 따라 돈이 따라온다. 순서가 중요하다. 돈은 예절이 있어서 주인을 앞지르지 않는다. 돈은 뜻을 따라 뒤따라오는 예절 바른 에너지이기 때문이다.

나는 나대로,
그대로 충분하다

우리 인류가 비약적으로 발전할 수 있었던 것은 약 1만여 년 전의 농업혁명 덕분이다. 수백만 년 동안 일정한 거처 없이 오직 먹거리를 찾아 떠돌이 생활을 하던 어느 날 한 여성이 우연히 땅에 떨어진 씨앗에서 밀이 자라나는 것을 발견했다. 그 씨앗을 심어 밀을 수확하자 떠돌이 생활을 하지 않고도 먹거리를 얻을 수 있었다.

농사를 지으면서 경작 시대를 열고 정착 생활을 하게 되면서 한곳에 많은 사람들이 몰려들어 도시화된 것이 농업혁명이다. 씨앗의 발견이 인류의 비약적인 발전을 가져온 것이다.

사업을 하든 장사를 하든 처음 시작할 때는 기초자금이 필요하다. 그것을 씨앗, 밑천, 종잣돈이라고 부른다. 씨앗을 심고 뿌려야 열매를 맺는다. 처음 시작하는 규모에 따라 밑천이 크게 필요하기도 하고, 적은 돈으로 시작할 수도 있다.

그런데 큰돈이 필요할 때 자신이 가진 돈이 모자라면 남의 돈을 빌린다. 쉽게 말해 담보를 제공하고 대출받는 것이다. 그것은 내 돈이 아니라 남의 돈이다. 사업이나 장사뿐 아니라 개인적으로도 남의 돈을 빌려야 할 경우가 많다. 대표적인 경우가 내 집 마련을 위해 은행 대출을 받는 것이다. 워낙 큰돈이 필요하기에 거의 대부분의 아파트(주택) 구입에는 대출이 포함된다. 모든 대출에는 반드시 일정액의 이자가 뒤따른다. 이자는 어쩔 수 없이 지출해야 하는 적지 않은 돈이다.

신용카드가 없던 시절에 적은 돈은 이웃, 일가친척 또는 친구에게 빌렸다. 그 돈에는 이자가 없었다. 농촌에서는 춘궁기에 쌀이나 보리를 이웃에서 꿔오기도 했다.

또한 예전에는 외상이 있었다. 당장 돈이 없더라도 음식 값, 술값 등을 다음에 지불하기로 약속하는 것이 외상이다. 서로 잘 알거나 단골이어야 외상이 가능했지만 보편화되어 음식점, 술집 등에는 아예 외상장부가 있을 정도였다. 외상을 못 갚고 떼어먹기도 하고, 주인은 외상을 숱하게 떼이기도 했지만 사람 사이에 정이 있었다.

그러나 신용카드가 등장하고 모두 자기 살기도 바쁜 세상이 되면서 그런 낭만은 사라졌다. 적은 돈은 빌리지도 않거니와 어떤 형태든, 액수가 얼마든, 빌린 돈에는 이자가 뒤따른다. 그래서 남의 돈은 무서운 돈이다.

물론 이자가 없는 돈도 있다. 사업자금이나 장사 밑천을 부모 또는 가까운 친구에게 빌릴 때는 이자를 주지 않을 수도 있다. 하지만 이것 역시 내 돈이 아니라 남의 돈이다.

> 내가 피땀 흘려 벌지 않은 남의 돈은 자칫하면
> 공돈으로 착각하고 헤프게 쓰는 경향이 있다.
> 그래서 사업이나 장사를 시작할 때부터 실패하는 경우가 많다.

남의 돈일수록 더욱 절약하고 아껴 써야 하는데 그러지 못하면 큰 낭패를 보게 된다. 이자를 내야 하는 남의 돈은 더욱 그렇다. 이자는 한 번 밀리기 시작하면 차츰 감당하기 어려울 정도로 눈덩이처럼 늘어난다.

그리하여 어쩔 수 없이 사채를 빌렸다가 더욱 큰 곤경에 빠지기 쉽다. 혀를 내두를 정도로 터무니없는 천문학적 이자율로 인해 조금만 연체해도 순식간에 큰돈이 된다. 너무 급해서 100만 원을 빌렸는데 금세 1천만 원이 된다. 더욱이 대다수의 사채업자들은 피도 눈물도 없고 폭력배처럼 무자비하다. 그들의 비인간적인 공갈, 협박 등으로 삶 자체가 파탄 나는 사례들이 언론을 통해 자주 보도된다. 사채야말로 정말 무서운 남의 돈이며 처지가 딱한 사람을 잡는 덫이나 다름없다.

대기업이 아니면 남의 돈을 대출받아 매달 이자를 지불하면서 사업이 잘되기는 어렵다. 개인이 창업할 때 '사장님' 소리 듣는 것이 좋고, 체면을 생각해서 자기 능력보다 크고 번듯한 규모로 시작하는 것은 무모하고 무리한 행동이다. 남의 돈을 빌리지 않고 내가 가진 돈의 범위 안에서 시작해야 한다. 어쩔 수 없는 경우에는 허세를 버리고 실리적으로 꼭 필요한 정도만 최소한으로 대출받아야 한다. 아울러 남의 돈부터 갚아나가야 한다.

개인도 마찬가지다. 내 집 마련은 젊은 세대들의 소망이다. 구입하고 싶은 아파트 가격의 60~70%를 대출해준다고 해서 반가워할 일이 아니다. 그 이자를 감당하느라 정상적인 생활을 하기 어렵다. 조금 평수가 크면 매달 관리비도 만만치 않다. 이자와 관리비로 자기 수입의 절반 이상이 빠져나간다면 생활이 위태롭다.

그전에는 계속되는 집값 폭등으로 오히려 큰 수익을 기대할 수 있었다. 하지만 지금은 예전과 다르다. 전혀 기대할 수 없다고 해도 과언이 아니다. 내 집 마련이 꼭 필요하다면 생활 중심지에서 벗어난 변두리라도 자신의 형편에 맞게 작은 아파트부터 마련하는 것이 현명하다. 예전에는 재산을 측정하듯 "너는 몇 평에 사느냐?" 하고 물었지만, 요즘 그런 질문은 하지 않는 것이 상식적인 예의다.

젊은이들의 결혼 비용도 그렇다. 초라한 결혼식이 아니고 남들처럼 부끄럽지 않게 하더라도 비용이 많이 든다. 그 때문에 자신에게 무리한 큰돈을 빌리기도 한다. 게다가 대학 시절 학자금 대출까지 남아 있다면 이자를 감당하느라 즐거운 신혼생활을 기대하기 어렵다.

최근 어느 유명 연예인의 결혼식에서는 약 700명이나 되는 하객들에게 1인당 30만 원짜리 호화로운 음식이 제공됐다고 한다. 그러면 음식비용만 얼마인가? 어림잡아 2억 원이 넘는다. 유명 연예인이고 하객들이 많았으니 축의금도 많겠지만 보통 사람으로서는 엄두가 나지 않는다.

남들과 비교해서 뒤처지지 않는 결혼식보다 비용이 적게 드는 남다르고 기억에 남을 만한 독창적인 결혼식을 생각해 보라. 불가능한 것이 아니다. 얼마든지 있다. 요즘은 그런 독창적인 결혼식이 상당히 보편화돼 있다.

다시 한 번 강조하지만 남의 돈은 결코 내 돈이 아니라 반드시 갚아야 할 무서운 돈이다. 될 수 있으면 남의 돈을 내 돈처럼 쓰는 일이 없어야 한다. 빌 게이츠나 워런 버핏이 수십 조 원의 막대한 재산을 가지고 있다고 해도, 그것은 나에게 그림의 떡이나 마찬가지다. 그보다 내 돈 1천 원이 더 소중하다. 돈은 벌어야 하고, 아껴 써야 하는 것이 돈의 원칙이다.

돈의 흐름을
내 쪽으로 돌려라

'신사임당과 바둑'이라고 하면 무슨 연관이 있는지 선뜻 짐작이 가지 않을 것이다. 우리 돈 5만 원짜리 지폐에는 신사임당의 초상이 있다. 그래서 신사임당은 돈을 상징하기도 한다. 바둑은 상대방과 수(手) 싸움이다. 머리를 쓰고 전략을 세워 상대방과 치열한 수 싸움을 겨루어 이기는 것이 바둑이다. 그와 같이 돈을 버는 것도 수 싸움이다. 내가 이겨야 돈을 번다.

도박도 수 싸움이다. 그러나 도박은 노력하지 않고 횡재하려는 사행성이 있어서 결과적으로 패가망신한다. 여기서는 철저한 자기 노력을 전제로 한다. 그러면 어떻게 해야 수 싸움에서 이겨 돈을 벌 수 있을까?

나는 그것을 줄여서 '뜻길돈'이라고 말한다. 뜻을 세우고 길을 찾으면 돈이 따라온다는 의미다. 나이는 중요하지 않다. 젊은 세대, 중년 세대, 노년 세대 모두 포함된다. 다만 일반적으로 취업해서 사회생활을 시작하는 젊은 세대보다 중년 세대나 노년 세대에게 더욱 필요하다.

나는 외국계 컴퓨터 회사에서 최선을 다해 일했다. 그 당시 내 목표는 컴퓨터 업계에서 최고의 영업사원이 되는 것이었다. 기어이 나는 성공했다. 조달청에 컴퓨터를 납품시키는 등 최고의 판매 실적을 올려 큰 상을 받고 부부 동반 세계 일주라는 특별 보너스도 받았다. 정말 보람 있었다. 그 후에도 7년 연속 주어진 목표를 초과 달성했다.

다른 컴퓨터 회사들에게 수많은 스카우트 제의를 받았지만 나는 직장을 옮기지 않았다. 그때는 부러운 것이 없었다. 내 통장에 돈이 넉넉했고, 내 집까지 마련하면서 여유롭게 살았다. 전혀 돈 걱정이 없었다. 관리자로 승진하고 최고의 연봉까지 받았으니 돈이 저절로 따라온 것이다.

내 삶의 모토 중에 하나는 '궁즉통(窮則通)',

즉 '궁하고 다급하면 통한다'는 것이다.

벼랑 끝에 몰리면 '쥐도 돌아서 고양이를 문다'는 옛말처럼

궁지에 몰리면 무엇인가 빠져나갈 방법이 보인다.

잊지 말아야 할 것은 도전정신이다. 도전정신이 있어야 끊임없이 자신의 뜻을 세울 수 있고, 갖가지 장애물들을 극복하고, 길을 찾을 수 있다. 자신의 뜻에 맞는 길을 찾았다면 걱정하지 않아도 돈은 따라오기 마련이다.

4050의 중년 세대는 무척 바쁘다. 직장 경력이 보편적으로 10년이 훨씬 넘어 관리자나 중견 간부가 되는 세대다. 그런가 하면 언제 갑자기 해고되거나 퇴직하게 될지 몰라 불안한 세대이기도 하다. 또한 자녀 교육비가 한창 들어가고 노후 대책도 세워야 한다. 수입이 많아도 그만큼 지출되는 돈이 많다.

현실에 만족하며 세월을 보내서는 안 된다. 자신이 수명을 다할 때까지 가족과 함께 편안하고 여유 있게 살 수 있는 준비를 서둘러야 한다. 내일 갑자기 직장을 그만두게 되면 그냥 가만히 앉아서 여생을 보낼 것인가. 아니면 새로운 도전을 할 것인가. 새로운 도전을 하려면 철저한 준비가 필요하다.

토끼는 생존을 위해 3개의 굴을 판다고 한다. 하물며 우리 인간은 토끼보다 더 지혜롭게 미래를 준비해야 하지 않겠는가.

일본의 어느 판사가 퇴직하고 요리사 자격증을 따서 간이 식당을 차린 것처럼 자기 나름의 뜻이 있어야 하고, 과감하게 도전해야 한다. 역시 궁해야 통하고 간절해야 길이 보인다.

일과 다른 모든 것들의
밸런스

우리의 삶에서 일과 사랑은 동전의 양면과 같다. 어느 것도 배제할 수 없는 삶의 2가지 대명제다. 하지만 이 2가지가 균형을 이루기는 매우 어렵다. 사랑에 치중하면 일이 소홀해지고 일에 치중하면 사랑이 소홀해진다. 굳이 구분하자면 아무래도 젊어서는 사랑에 치중하고 결혼한 뒤에는 일에 치중한다.

젊은 남녀의 사랑만을 가리키는 것이 아니다. 배우자를 사랑하고 자녀를 사랑하고 이웃을 사랑하고 공동체의 구성원들을 사랑하고 나라를 사랑해야 한다. 뚜렷한 자기 일이 있어야 사랑도 원만하게 이루어진다.

물론 젊은 시절 남녀의 사랑이 대표적인 사랑이라고 말할 수 있다. 그것은 인간의 본능이기도 하다.

동물들에게도 일과 사랑이 있다. 동물의 일은 먹이를 구하는 것이며 성숙하면 짝짓기를 통해 후손을 남기는 본능을 사랑이라고 할 수 있다. 우리 인간의 사랑도 생물학적으로는 본능에 충실해서 사랑하는 사람과 짝을 짓고 결과적으로 후손을 낳는 것이다.

동물이 먹이를 구하지 못하면 굶어 죽듯이 우리 인간도 일해야 한다. 일한 대가를 얻어야 자신이 원하는 것을 얻고 안정된 삶을 영위해나갈 수 있다. 우리 민족은 전통적으로 가난했기 때문에 더욱 열심히 일했다.

그러한 전통이 아직 남아 있어 우리 국민의 노동시간은 전세계에서 가장 긴 편에 속한다. 법정 노동시간은 하루 8시간이다. 우리나라는 연평균 2,069시간을 일함으로써 다른 선진국들보다 연평균 약 38일을 더 일한다. 그런데 근래에 와서 젊은 세대부터 크게 달라지고 있다.

젊은 세대들도 당연히 일하지만 이른바 워라밸을 추구한다. 워라밸이란 'Work & Life Balance'의 줄임말로 일과 삶의 균형을 뜻한다. 새로운 삶의 방식이라기보다 선진국에서는 이미 수십 년 전에 유행했던 풍조이지만 뒤늦게 우리 젊은 세대들의 삶의 형태를 지배하고 있다.

워라밸의 핵심 가치는 나 자신(myself), 여가(leisure), 성장(development)

이라고 한다. 워라밸을 추구하는 젊은 세대들은 자기 자신을 위해 무엇보다 스트레스를 받지 않으려고 한다.

스트레스를 받아가면서 악착같이 돈을 벌지 않고 적당히 일하고 적당히 버는 것으로 만족한다.

퇴근 시간이 되면 상사의 눈치를 보지 않고 칼같이 퇴근하고 자신의 개인적인 시간을 빼앗는 회식을 반가워하지 않는다. 그리하여 남는 시간은 휴식하거나 여행, 새로운 취미에 쓰고 자기계발에 사용한다. 공적인 행동보다 자기 자신을 위해 많은 시간을 쓰고 싶어 한다.

하지만 자기 능력이나 노력에 비해 임금이 적다고 판단되면 망설이지 않고 직장을 그만둔다. 한때는 청소년 시절부터 선망해온 공무원이 그렇다. 요즘 젊은 세대들은 안정적이지만 비교적 임금이 적은 공무원을 하다가도 과감하게 그만둔다. 그뿐 아니라 대우가 좋은 대기업이라도 일이 많거나 자신의 가치를 인정해주지 않으면 그만둔다.

최근 전국경제인연합회가 여론조사 기관에 의뢰한 '기업인식 조사'에서 젊은 세대(20~30대)들의 36.6%가 워라밸이 보장된 기업을 선호하는 것으로 나타났다. 이제 전통적인 상명하달(上命下達), 즉 위에서 지시하면 무조건 복종해야 하는 시대는 끝났다. 오히려 사원들의 개인적인 특성을 살펴서 그들에게 편의를 보장해야 한다.

예전의 멸사봉직(滅私奉職), 즉 직장을 위해 자신의 사생활을 포기하고 보장된 정년퇴직까지 죽도록 일하던 풍조는 사라진 지 이미 오래다. 직장이 정년퇴직을 보장해주는 것이 아니고 어느 때 갑자기 퇴직해야 하는 시대에 멸사봉직은 결코 바람직하지 못하다. 직장보다 개인이 더 중요한 것이다.

시대 풍조가 변하고 아무리 좋은 직장이라도 자신에게 맞지 않으면 인재들이 거침없이 떠나자 기업들도 인재들을 확보하기 위해 변하고 있다. 근무 시간을 줄이고 재택근무나 자율출퇴근제를 실시해서 개인의 자유와 개인적으로 사용할수 있는 시간을 최대한 보장하려고 노력한다. 결코 잘못된 풍조는 아닐 것이다.

일과 삶의 균형을 추구하는 것은 '나답게', '사람답게' 살려는 것이다. 다만 환경과 여러 가지 여건으로 기성세대들은 그렇게 살지 못했지만 젊은 세대들이 과감하게 실천하고 있는 것은 용기 있는 일이다.

하지만 지나치게 개인주의를 추구해서 오직 자기밖에 모르거나 나의 워라밸이 남의 워라밸을 해쳐서는 안 된다. 아무리 완벽한 인간이라도 혼자서는 살 수 없다. 서로 어울려 살아야 한다. 워라밸에도 타인에 대한 존중과 배려가 필요하다는 것을 잊어서는 안 된다.

나의 선택이
곧 나의 인생이 된다

우리가 살아가는 인생 행로를 흔히 사람이 다니는 '길'에 비유한다. 목적지까지 가는 길은 오로지 하나뿐인 외길이 있는가 하면, 여러 갈래의 길도 있다. 과연 나는 어떤 길을 가고 있는가? 외길을 가고 있는가? 여러 갈래의 갈림길에서 어느 길로 갈지 망설이고 있는가?

돈을 벌어야 할 때가 있다. 오직 돈을 벌겠다는 것이 자기 인생의 종국적인 욕망은 아니더라도 필요에 따라 돈을 벌어야 안정된 생활을 할 수 있고, 자신의 인생 목표에 도전할 수 있기에 오로지 돈벌이에만 집중할 때가 있다.

지난 시절 많은 우리 국민들이 외국으로 이민 갔던 시절이 있었다. 아주 오래전부터 중국(조선족), 일본(재일교포), 구소련(고려인) 등에는 많은 우리 한민족이 살고 있었고, 19세기 후반 미국을 비롯해서 캐나다, 브라질 등 해외 곳곳으로 이민을 갔다. 현재 미국에 거주하는 우리 동포(재미동포)는 2021년 기준으로 약 260만 명이 넘고 전체 해외 동포는 약 800만 명에 이른다.

우리 국민이 해외로 이민을 가게 된 가장 큰 이유는 역시 돈을 벌기 위해서였다. 이른바 '아메리칸 드림(american dream)'은 자신의 인생 목표를 실현하기 위한 것도 있지만 돈을 버는 것이었다.

돈을 벌기 위해 미국으로 이민 간 교포들은 그야말로 업종을 가리지 않았다. 돈벌이가 된다면 찬밥, 더운밥을 마다하지 않았다. 식당에서 접시 닦기를 비롯해 아르바이트를 하루에 몇 개씩 하면서 돈을 벌었다. 말하자면 모두 멀티잡(multi-job)이었다. 그리하여 돈을 벌면 채소 가게나 세탁소 등을 개업해서 돈을 모으고 안정된 생활을 할 수 있었다.

요즘 많은 젊은이들이 그렇다. 매 학기 엄청난 등록금은 부모의 지원이 없으면 자신이 감당해야 한다. 서울에서 공부하는 지방의 학생들은 하숙비, 자취비, 용돈 등 모두 자기가 마련해야 한다. 학자금 대출까지 있으면 더욱 힘겹다. 온몸이 파김치가 되도록 하루에도 몇 개씩 아르바이트를 해야 간신히 견딘다. 학업보다 돈벌이가 더 급한 것이다.

젊은 직장인들도 크게 다르지 않다. 직장에서 월급을 받지만, 자기 혼자 쓰기도 바쁘다. 월급을 언제 모아서 결혼하고 내 집을 마련한단 말인가? 월급을 받아 한 푼도 안 쓰고 배를 굶주리며 모아도 10년 이상 걸린다. 내 집 마련은 더욱 요원하다.

이미 오래전부터 3포 시대, 5포 시대이니 하며 젊은이들이 모든 것을 포기하는 시대가 되었다. 만혼이 풍조가 되고 비혼주의자, 독신주의자들이 늘어나는 것도 그 까닭이다. 이들에게는 본의 아니게 '돈 벌기'가 외길이 되고 있다.

돈 벌기에 쫓기지 않더라도 자신의 인생 목표, 즉 자기가 걷고자 하는 외길을 선택하기는 결코 쉬운 일이 아니다. 자신의 환경과 적성, 하고 싶은 일, 좋아하는 일 등 여러 갈래 길을 놓고 망설이지 않을 수 없다.

이해하기 쉬운 예로 의과대 학생들을 들 수 있다. 그들은 거의 모두 수재(秀才)인 경쟁자들과 겨루어 의과대학에 들어갔다. 그들의 인생 목표는 의사가 되는 것이다. 그에 따라 2년 동안 의예과에서 의사로서 갖춰야 할 소양과 의학 지식을 배운다.

그러고 나서도 내과, 외과, 피부과, 안과, 이비인후과, 정신과 등 자신의 길을 선택해야 한다. 내과를 선택했더라도 순환기관, 소화기관, 호흡기관, 내분비계, 아동질환 등 더욱 세분화된 전공을 선택해야 한다. 그것으로 끝이 아니다. 수련의,

전공의 과정을 수년 동안 거쳐야 비로소 전문 의사가 된다. 의과대학에 입학해서 정식 의사가 되기까지 10년이 넘게 걸린다.

그처럼 우리는 여러 갈래의 길에서 선택과 결정을 한다. 외길과 갈림길은 동떨어진 서로 다른 길이 아니다. 갈림길에서 하나를 선택하고 마침내 외길로 가게 되는 것이다. '순간의 선택이 평생을 좌우한다'고 한다. 한 번 외길을 선택하면 다시 길을 바꿔 다른 길로 가기는 결코 쉬운 일이 아니다. 오직 돈 벌기가 목적이라면 이쪽 길 저쪽 길을 가리지 않고 돈만 벌 수 있다면 무엇이든 할 수 있겠지만 그렇지 않다면 외길 선택에 무척 신중해야 한다.

어떤 과정을 거쳤든 외길을 선택하고
그 길을 간다고 해서 모든 것이 끝나는 것은 아니다.
자기만의 남다른 업적을 이룩해야
자신이 걷는 외길에서 돋보이는 존재가 된다.
그것이 바로 '인정(認定)'이다.

우리 인간에게는 남들에게 인정받고 싶은 본성이 있다. 그것을 '인정 욕구'라고 한다. 무리 지어 사는 동물들의 서열과도 같은 것이다. 리더가 되고자 하는 것도 그 때문이다. 자기 능력을 인정받아 남들보다 윗자리에 서면 사람이 달라진다. 가령 어느 병원의 의사가 독보적인 실력을 인정받으면 환자들이 줄을 선다. 종합병원에서 그러한 의사에게 수술받으려면 1년 이상 기다려야 한다. 하지만 인정은커녕 오히려 돌팔이 의사, 돈만 밝히는 의사라는 악평을 듣게 되면 무척 고통스러운 일이다.

인정에는 고통이 뒤따른다는 것이 철학자들의 한결같은 견해다. 남들이 알아주는 인정을 받기 위해 자신이 선택한 외길에서 피나는 노력을 하는 것도 고통스럽다. 하지만 그 고통을 감수하고 견뎌내 마침내 인정받아야 자신이 걷고 있는 외길이 가치 있고 보람 있다.

죽는 날까지
내 일을 할 수 있는 행복

요즘은 시대가 바뀌어 많이 달라졌지만 몇십 년 전만 하더라도 직장인들의 정년은 대부분 65세였다. 그에 맞춰 정년퇴직을 하고 퇴직금 등으로 한가롭게 여생을 보내는 것이 우리 삶의 순리이기도 했다. 그러나 지금은 정년퇴직 연령이 없다. 65세에서 60세, 55세 등으로 정년이 낮아지더니 퇴직 연령이 아예 없어졌다. 공무원을 제외하면 기업의 사정에 따라 나이와 상관없이 해고, 해임, 명예퇴직 등을 강요당한다.

하지만 많은 사람들이 자기 능력과 체력이 뒷받침된다면 평생 일하다가 죽고 싶어 한다. 물론 그런 사람들도 적지 않고, 가업을 이어받아 100년 넘게 대대로 지속하는 사람들도 있다. 농촌의 노인들은 자기 몸만 움직일 수 있다면 죽는 날까지 논밭에 나간다. 그들은 평생을 그렇게 살아왔기 때문에 오히려 일하지 않으면 병이 난다고 말한다.

가난한 노인들이 오직 생계를 위해 무슨 일이든 상관하지 않고 돈을 벌지만 평생 해야 할 일이 아니라 죽지 못해 억지로 일하는 것이다. 그것을 평생 일하다가 죽는다고 말하기는 어렵다. 자기가 하는 일이 즐겁고 보람 있고 만족스러워야 한다. 그것이 곧 행복이다.

한국에게 지성의 상징이기도 했던 이어령 교수는 지난해 (2022)에 88세를 일기로 세상을 떠났다. 어느 글을 보니 그는 말년에 췌장암이었지만 항암 치료를 거부했다고 한다. 그 까닭은 해야 할 일이 아직 많이 남아 있는데 항암 치료를 받게 되면 그 일을 할 수 없다는 것이었다.

그는 세상을 떠나기 불과 한 달 전에도 자신의 저서를 발간했다. 그리고 계속 글을 썼다. 자신이 곧 세상을 떠나게 될 것을 알고 더욱 부지런히 글을 썼다는 것이다. 컴퓨터로 글을 썼는데 나중에는 키보드를 누를 힘이 없어서 손으로 직접 글을 썼다고 한다. 그분이야말로 일하다 죽은 것이다.

그러나 일하다가 죽는 것이 자기 의사와 노력만으로 되는 것은 아니다. 우리 몸이 노화되면서 체력이 떨어져 육체노동을 하기 어렵고, 기억력이 쇠퇴해서 머리를 쓰는 일이 차츰 어려워진다. 또한 나이가 들면 갖가지 크고 작은 지병으로 일할 의욕도 크게 저하된다.

그렇더라도 거듭 강조하지만 자기만의 전문성이나 자신이 개발한 비법이 있으면 보람을 느끼며 평생 죽는 날까지 일할 수 있다. 이를테면 인간문화재, 명인(名人), 장인(匠人)이 되면 전수자, 이수자, 후계자, 후배 등을 양성하며 평생 일할 수 있다. 남다른 창의력으로 특별한 기술을 개발하는 사람도 평생 일하는 것이다. 자기만의 조리법, 궁중요리, 전통한복 등을 연구하는 사람들도 평생 일하고, 보석이나 골동품, 고미술품을 감정하는 일도 죽는 날까지 할 수 있다.

그러자면 역시 전문성이 있어야 한다. 전문성이 없으면 돈에 쫓기게 된다. 일의 종류를 가리지 않고 일거리만 찾는다. 그렇다고 큰돈을 버는 것도 아니다. 전문성이 없으니 임금도 많이 받지 못한다.

철학자 김형석 교수는 올해 103세다. 그런데도 변함없이 각종 강연과 집필 등으로 바쁜 나날을 보내고 있다. 연예인 송해는 95세로 세상을 떠날 때까지 〈전국노래자랑〉의 사회자로 명성을 떨치며 '기네스북'에 이름을 올렸다. 〈가요무대〉를 진행하고 있는 김동건 아나운서도 올해 85세다. 가수 현미는 85세로 쓰러지기 전날까지 무대에 올랐다. 배우나 가수들은 공연하다 무대에서 쓰러져 죽는 것이 소망이라고 말한다. 거의 모든 예술가들이 죽는 날까지 현역으로 자기 일을 계속한다.

스포츠 선수가 현역으로 명성을 떨치다 체력의 한계를 느끼면 대개 40세쯤 은퇴하고 선수 생활을 마감한다. 축구 선수는 은퇴한 뒤에 후진들을 가르치는 코치 또는 감독이 되기도 하고, 축구 해설가, '어린이 축구 교실' 등을 개설해 축구와 관련된 일을 계속한다. 축구에 대한 전문성으로 평생 한 우물을 파며 한 길을 걷는 것이다.

재능이나 자질은 타고나는 것도 있지만, 자신의 노력으로도 얼마든지 남들보다 잘할 수 있다. 창의력은 어느 것 한 가지에 몰입돼 있을 때 발휘되는 것이다. 평생 일하다가 죽고 싶다면 남들보다 일찍, 남들과 다른 것에 도전해야 한다. 그것이 자신의 미래를 준비하는 것이다.

그리하여 중년이 넘어서면 자신의 전문성을 널리 인정받아야 한다. 그것은 나만의 '자기 브랜드'를 갖는 것이기도 하다. 다행스럽게도 자신이 그런 위치에 있다면 모든 것들에 감사해야 한다. 감사할 줄 모르는 사람은 한낱 솜씨 좋은 기술자에 불과하다.

골드칼라의 시대

성인들이 처음 만났을 때 가장 흔히 하는 질문이 "무슨 일 하세요?"이다. 직업을 알면 그 사람의 성향을 비롯해 삶의 방식 등 적어도 절반은 파악할 수 있기 때문이다. 아울러 질문한 사람은 자신과의 어떤 연결고리가 있는지 생각해보게 된다.

그런 질문을 받았을 때 당당하게 자기 직업을 말할 수 있는 사람은 별문제 없지만 그렇지 못한 사람들도 많다. 오랫동안 지속되는 경제 불황으로 취업난을 겪으면서 직업이 없는 사람, 실직한 사람들이 많다. 특히 젊은 세대들이 그렇다. 마음에 드는 이성을 사귀려 할 때 상대방이 직업을 물어보면 '그냥 논다'고 말할 수도 없고 정말 난처하고 크게 위축될 수밖에 없다.

직업을 구분할 때 흔히 '화이트칼라', '블루칼라'라는 표현을 쓴다. 칼라는 색깔(color)이 아닌 옷깃 또는 옷차림(collar)을 뜻한다. 20세기 초 미국에서 비롯된 표현인데, 화이트칼라는 정신적 노동자를 말한다. 대부분 흰색 와이셔츠를 입고 넥타이를 착용한다. 블루칼라는 육체적 노동자를 뜻한다. 그들이 푸른색의 청바지나 작업복을 입은 것에서 비롯됐다.

근래에는 서비스 직업군의 근로자들을 '핑크칼라(pink collar)'라고도 하지만 널리 쓰이는 표현은 아니다. '골드칼라(gold collar)'도 있다. 디지털이나 첨단기기를 다루는 전문직 직업군을 뜻한다. 예컨대 페이스북의 마크 저커버그, 전기자동차와 민간 우주 산업의 일론 머스크 등이 여기에 속한다.

화이트칼라든 블루칼라든 직업에는 귀천이 없다. 고려시대에는 문관과 무관을 지나치게 차별해서 이에 불만을 품은 무관들이 반란을 일으켜 무인(武人)정치 시대를 맞기도 했으며, 조선시대에도 사농공상(士農工商)의 차별이 있었지만 모두 지나간 얘기다.

오늘날은 직업의 구분보다 전문성이 더 중요하다.
어느 분야에서든 자기만의 전문성이 있어야 우대받으며
평생 그 분야에 종사할 수 있다.
'한 우물을 파라'는 옛말이 부질없는 얘기가 아니다.

인도에는 산을 뚫은 남자가 있었다.

1950년대 인도의 어느 시골 마을, 험한 산에 둘러싸여 병원에 너무 늦게 도착하는 바람에 아내가 숨지자 그 남편이 무려 22년 동안 오직 정과 망치만 가지고 산을 뚫었다고 한다. 그리하여 55km를 가야 하는 병원을 15km로 단축했다. 전문가가 되려면 집념이 필요하다. 어느 분야에서든 집념을 가지고 1만 시간을 투자하면 전문가가 될 수 있다고 한다.

나이가 들면 후배들에게 자리를 물려주고 은퇴해야 하지만, 많은 사람들이 평생 일하고 싶어 한다. 그러자면 당연히 전문성이 있어야 한다. 자기만의 전문성을 가지려면 자기 적성에 맞고 자기가 하고 싶은 일, 자기가 좋아하는 일을 해야 한다. 그래야만 집념을 갖고 그에 따라 창의력도 발휘하고 마침내 그 분야의 전문가가 된다. 전문가가 되면 당당하게 자기 직업을 말할 수 있으며 많은 사람들이 그를 필요로 한다.

평생 한 가지 일을 할 수 있고 보람과 만족을 느낀다면 행복하고 만족스러운 인생을 사는 것이다. 거듭 말하지만 그것은 자기 적성에 맞는 일을 함으로써 한 분야의 전문가가 되는 것이다.

초밥왕이 된 판사

나이가 들수록 걸음이 느려진다. 그러다 똑바로 걷기 힘들어지면 지팡이에 의지한다. 지팡이를 짚으면 걸음이 더욱 느려진다. 걸음걸이가 점점 느려진다는 것은 인생의 종착점에 다가간다는 예비 신호이다. 걷지 못하게 되면 원하든 원하지 않든 이 세상을 떠날 날을 기다리는 신세가 된다.

벽 앞에 세워진 커다란 괘종시계의 추가 규칙적으로 움직이다가 차츰 느려지고 마침내 멈춰 선다. 그럴 때 우리는 시계가 죽었다고 한다. 시계는 뒤로 돌아가는 일이 없다. 앞으로만 나아간다.

우리 인생도 그와 다르지 않다. 그러나 나이는 먹고 생활은 어렵고 하는 일이 없어서 이른바 '3비'로 살게 되면 더욱 서럽다. '3비'란 비참, 비굴, 비겁 3가지를 말한다. 노후 대책을 마련해놓지 못했다면 피할 수 없는 일이다.

노후를 가장 편안하게 사는 최선의 방법은 평생 현역으로 활동하는 것이다. 평생 현역이란 한창때처럼 고정수입이 있는 것이다. 평생 그럴 수 있다면 만족스러운 노후 대책을 마련하지 못했더라도 큰 불편 없이 살아갈 수 있다. 그러면 어떻게 평생 현역일 수 있을까?

앞서 설명한 것처럼 3대 연금에 가입돼 있다면 액수가 얼마이든 평생 고정수입이 보장된다. 또한 한창 잘나갈 때 마련해놓은 건물이 있다면 고정적인 임대료 수입이 있고, 현재 거주하는 집 이외에 별도의 집이나 오피스텔, 점포 등이 있다면 보증금 이외에도 매월 월세를 꼬박꼬박 받는다. 그것도 고정수입이 된다. 그뿐 아니라 노년이라도 자신이 사업주이거나 점포를 운영하거나 고정된 급여가 지급되는 직책을 맡고 있으면 당연히 현역이다.

그 밖에도 나이와 관련 없이 자신의 전공이나 기술, 전문 분야에서 고문이나 자문역을 맡아 현역이 될 수 있다. 100세가 넘어선 철학자 김형석 교수는 여전히 강연하고 글도 쓴다. 강사는 나이와 큰 상관이 없다. 인생 경험이 풍부한 노년의 직업 주례도 있다. 결혼식에서 주례를 보고 적지 않은 비용을 받는다.

일본에서 매스컴 등을 통해 널리 알려진 실화가 있다.

일본 오사카 고등법원에 오카모토 겐이라는 판사가 있었다. 그는 36년간의 판사 생활을 마치고 은퇴했다. 판사의 정년보다 5년이나 일찍 자진해서 은퇴한 것이다. 주변 사람들은 그가 변호사로 개업할 것으로 생각했다. 하지만 예상은 크게 빗나갔다. 그는 요리학원에 등록해서 1년 뒤에 요리사 자격증을 땄다.

그는 미리 준비라도 한 듯이 자신이 판사로 근무하던 법원 근처에 2평 남짓한 작은 간이식당을 개업했다. 그러자 그를 아는 사람들이 끊임없이 물었다.

"변호사 개업을 할 줄 알았는데 체면도 생각하지 않고 이 조그만 간이식당을 차리다니요? 이유가 뭡니까?"

그는 반복되는 질문을 받을 때마다 이렇게 대답했다.

"내가 36년 동안이나 판사로 있으면서 수많은 사람에게 유죄 판결을 내릴 때마다 가슴이 아팠습니다. 이제 즐거움과 기쁨을 줄 수 있는 일을 하고 싶었습니다."

그의 비좁은 간이식당의 상호는 '친구'였다.

그는 변함없이 현역이다. 자신의 형편에 맞게 아주 작은 간이식당이지만 자기가 하고 싶었던 일을 하면서 보람을 얻고자 한 것이다. 그처럼 욕심 내지 않고 자기가 하고 싶었던 일을 한다면 영원히 현역이다.

또한 노후 자금을 이미 마련해놓아 어느 정도 경제적, 시간적 여유가 있다면 무엇이든 자기가 하고 싶은 것을 배워라. 노인들이 미숙한 컴퓨터, 배우고 싶었던 악기 등 학원에 등록하고 열심히 배워라. 그러면 학생 현역이다. 각종 강연에도 참석하면 그것도 공부다. 박물관, 미술관 등도 찾아다녀라. 그것은 견학이다. 자신이 지금까지 몰랐던 것들을 많이 배울 수 있다.

요즘은 초개인화 시대로 셀프(self)가 대세다. 자급자족할 수 있어야 한다. 사소한 집안일부터 자기가 할 수 있는 것들은 배우자나 자녀에게 의지하지 말고 자신의 노력으로 해결해나가라. 가령 아내는 집안일을 거의 도맡아 하기 때문에 실업자라고 하지 않는다. 아내는 현역 전업주부다. 그처럼 자기가 할 수 있는 모든 일을 스스로 해결하고, 자급자족을 할 수 있다면 그것도 현역이라고 할 수 있다.

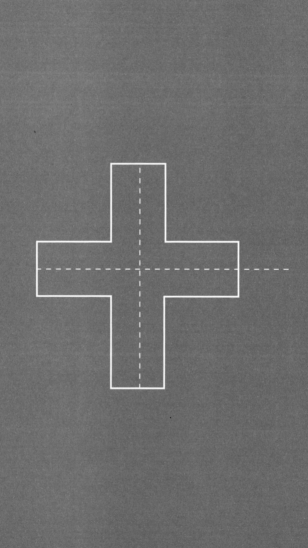

PART 3　WELL-BEING

웰빙하면
웰다잉된다

내 몸을 살리는 말습관

　　　　　　　　　　　　　서양의 선진국 국민들은
'굿(good)', '해피(happy)', '땡큐(thank you)'를 입에 달고 산다.
아침에 눈을 떠서 잠들 때까지 온종일 하는 말 가운데 이 3가
지가 대부분이라고 해도 과언이 아니다. 무엇이든 긍정적으
로 좋게 보고, 누가 사탕 하나만 줘도 행복해한다. 물건을 사
고 계산이 끝나면 점원에게 고맙다고 인사한다. 길거리 노점
상 아주머니에게 귤을 사고서도 고맙다고 말한다. 고마워할
사람은 오히려 물건을 판 사람인데 말이다.

　그런데 우리는 어떤가?

　'아이고, 죽겠다', '힘들어 죽겠다', '배고파 죽겠다', '보고
싶어 죽겠다', '얄미워 죽겠다', '좋아서 죽겠다', '바빠서 죽겠
다' 등 말끝마다 '죽겠다'고 말한다. 심지어 '죽지 못해 산다'

는 말까지 나온다. 노인들은 조금만 아파도 '죽을 때가 됐나 보다'라고 말한다. 사람들이 주고받는 말에도 '난 죽어도 못해', '차라리 죽는 게 낫지', '너, 죽고 싶어?'라고 표현한다.

그다음 많이 쓰이는 말이 '미치겠다'이다.

'바빠서 미치겠다', '억울해서 미치겠다', '일이 너무 많아 미치겠다', '그 인간 보기 싫어 미치겠다', 심지어 '미치고 환장하겠다'고 말한다. 서양 사람들의 표현이 긍정적이라면 우리나라 사람들은 대부분 부정적이다. 사실을 과장해서 극단적으로 표현하는 것이다.

왜 그럴까?

우리의 전통적인 생활 습관인 '빨리빨리'와 관련이 있다. 사계절이 뚜렷한 우리나라는 농업국가였다. 농사지을 때 빨리빨리 서두르지 않으면 계절이 바뀌어 농사를 망치기 쉽다. 그로 인해 '빨리빨리'가 습성이 됐다. 또한 약소국이었던 우리나라는 수많은 외침을 받았다. 역사적으로 무려 5천 번의 외침을 받았다는 기록도 있다. 농사지을 때 수확물을 빨리빨리 거두어들이지 않으면 외적이 쳐들어와서 농작물을 빼앗아가거나 피신하느라 농사를 망치기 일쑤였다.

이러한 환경 때문에 '죽겠다', '미치겠다'와 같은 극단적인 표현을 하게 되었다고 할 수 있다. 모두 절대적으로 궁지에 몰렸을 때 쓰는 말이나. 그래서 긍정적인 마음가짐보다 부정적인 마음가짐이 앞서게 되었다. 바꿔 말하면 마음의 여유가 없다는 것이다.

마음의 여유가 없으면 대개 2가지 형태로 나타난다.
하나는 체념이고 또 하나는 마음이 조급해서
자꾸 서두르게 되는 것이다.

운동도 그렇다. 운동을 해야겠다, 운동은 건강에 좋다는 것을 모르는 사람은 없다. 그러나 많은 사람들이 '운동할 시간이 어딨어', '팔자 좋은 소리 좀 그만해라. 잠잘 시간도 없어', '이 나이에 무슨 운동을……'이라며 체념한다.

사람들은 살이 조금만 쪄도 다이어트를 해야 한다며 일부러 끼니도 거르고 나름대로 열심히 운동하며 땀을 흘린다. 그러다 살이 조금만 빠지면 다이어트에 성공했다고 운동을 그만둔다. 그래서 다시 살이 찐다.

운동에는 나이가 없다. 자신의 건강을 유지하기 위한 것이다. 체념해서도 안 되고 서둘러서도 안 된다. 마음의 여유를 가지고 꾸준히 평생 계속해야 한다. 그러나 나이가 많은데도 너무 무리하거나 과격한 운동을 하면 오히려 몸에 해롭다.

운동보다 먼저 정기적으로 종합검진을 받을 필요가 있다. 종합검진 결과서를 받아보면 항목마다 낮은 수치, 정상, 높은 수치가 표시돼 있다. 신체의 어느 부위든 정상에서 벗어나 너무 낮거나 높으면 건강에 문제가 있는 것이다.

어떤 사람들은 건강검진을 믿지 않는다. 사람마다 체격도 다르고 체질도 다른데 일률적인 수치는 신뢰성이 떨어진다는 것이다. 설령 그렇다 하더라도 종합검진을 통해 큰 병을 알아낼 수 있다. 몸에 큰 병이 있으면 치료가 우선이기 때문에 운동을 할 수 없다. 또는 운동해서는 안 되는 경우도 있다.

우리는 생업을 비롯한 여러 가지 이유로 꾸준히 규칙적으로 운동하기가 힘들다. 지속적으로 운동하다가 어떤 이유로 며칠만 멈춰도 점점 운동에 소홀해진다.

신체 건강도 중요하지만 정신 건강이 더 중요하다. 항상 여유 있고 긍정적인 마음가짐으로 즐기며 살다 보면 신체도 건강해진다. 신체든, 정신이든, 아프면 아무것도 할 수 없다. 아프지 말아야 한다. 건강을 지키는 구체적인 내용들은 다음 항목부터 하나씩 소개하겠다.

100년을 살아본
사람의 조언

우리 인간의 평균수명이 참 길어졌다. 200~300만 년 전의 원시인류는 유인원들과 비슷해서 평균수명이 30세 정도였다. 현생인류(호모사피엔스)에 이르러 약 40세 안팎으로 늘어났지만 농경시대를 맞아 정착 생활을 하고 주로 곡식류만 섭취하게 되면서 잠시 주춤했다. 약 6천 년 전 문명시대에 좀 늘어났으나 50세를 넘어서지 못했다. 우리 조선시대 왕들(27명)의 평균수명이 47세였다.

그로부터 약 200년이 지난 지금 우리 국민의 평균 기대수명은 2021년 기준으로 83.6세(남 80.6세, 여 86.6세)다. 기대수명이란 출생자가 앞으로 생존할 것으로 기대되는 평균 생존 연수를 말한다. 그야말로 100세 장수시대를 맞은 것이다. 우리나라는 이미 고령사회가 되어 노인 인구도 900만 명을 넘어

섰다.

노인들의 한결같은 바람은 흔히 말하는 웰빙(well-being), 웰다잉(well-dying)이다. 즉, 잘 살다가 잘 죽는 것이다. 그래서 노인들 사이에 '9988234'라는 말이 나온다. 99세까지 팔팔하게 살다가 2~3일만 앓고 죽으면 좋겠다는 뜻이다.

그런데 요즘은 해석이 바뀌고 있다. 99세까지 팔팔하게 살지도 못하고 23년을 앓다가 죽으면 어찌할 것인가? 노인의 내일은 알 수 없다. 그러지 말라는 법은 없다.

"이렇게 사느니 차라리 죽는 게 낫다."

"죽지 못해 산다."

"사는 게 재미가 없다."

우리 주변에는 이런 넋두리를 하며 힘겹게 사는 노인들도 적지 않다. 갖가지 질병, 외로움, 경제적 어려움 등으로 마치 죽을 날만을 기다리듯 고달프게 하루하루를 연명하는 노인들도 적지 않다는 것이다. 그런데 장수시대여서 그런지 빨리 죽지도 않는다. 그렇다면 어떻게 해야 할까?

100세가 넘었지만 건강하게 살면서 집필과 강연 등 여전히 활동하고 있는 철학자 김형석 교수는 '가을 인생'을 얘기했다.

누구나 65세가 넘어서면 인생의 말년을 사는 '겨울 인생'이라고 생각한다. 100세 장수시대에는 그렇지 않다. 겨울이 아니라 인생의 가을이라는 것이다.

내가 그랬다. 나는 20년 전부터 은퇴 준비 강연을 하면서 활동 가능한 나이인 80년을 기준으로 20년씩 사계절로 나눠서 계절에 맞는 생각과 행동을 해야 철부지가 되지 않는다고 강의해왔다. 이 기준에 적용하면 어느덧 나는 '겨울 인생'이 되었다. 그래서 겨울철에 맞는 정리와 나눔의 시간을 갖고 있었다.

그러나 어느 날 김형석 교수님의 '인생 백년을 살아보니'라는 유튜브를 보고 깜짝 놀랐다. 인생 황금기는 60세부터 75세라고 말씀하시고 노력하기에 따라서는 10년을 연장할 수도 있다는 내용이었다. 내 기준과 완전히 달랐다. 나는 100년을 살아보지 않고 얘기하는 것이고, 김형석 교수님은 실제로 100년을 살아보고 말씀하신 것이었다. 하마터면 인생을 낭비할 뻔했다는 생각이 떠오르자 소름이 돋았다. 나는 그날로 미용실에 가서 파마를 하고 멋진 옷을 사 입고 호수공원을 한 바퀴 돌았다.

내 인생이 순식간에 겨울 인생에서 가을 인생으로 바뀌었다. 최소 75세까지는 가을 인생이다. 아직도 더 활동하고 성숙할 수 있는 시간과 기회가 늘어난 셈이었다.

그동안 중단했던 강의도 다시 시작하고 저술 활동도 재개했다. 그래서 이 책을 쓰고 있는 것이다. 나는 유튜브 '윤태익 TV'에 '인생 4계절-제가 잘못했어요'라는 사과 영상을 올렸다. 내 영상을 본 구독자들은 물론 나 자신까지 하마터면 겨울 인생을 40년 동안 살 뻔했다. 이 얼마나 인생 낭비인가 생각하니 한 번 더 소름이 끼쳤다.

어느 대중가요의 가사에도 있듯이 "우리는 늙어가는 것이 아니라 익어가는 것"이다. 다시 말하면 낙엽이 아니라 열매가 익고 꽃이 활짝 핀 가을이다. 마침내 차츰 꽃이 시들겠지만 되도록 오래가려면 건강해야 한다.

우리 인간의 수명이 빠르게 늘어난 것은 약과 의술이 크게 발전했기 때문이다. 나이를 먹어가면서 저마다 건강에 큰 관심을 가지고 건강 상식을 익히고 건강기능식품과 영양제 등을 꾸준히 복용하면 노화를 늦출 수 있다. 그야말로 잘 살다가 잘 죽으려면 건강을 유지하는 것이 최선의 방법이다.

우리가 늙어서 자기 수명을 다하고 자연사하는 것을 노환(老患)이라고 한다. 노환에도 직접 사인이 있다. 가장 흔한 것이 심혈관 질환이다. 나이가 많아지면서 혈관도 늙고 낡아져 수축 작용을 제대로 하지 못한다. 혈액이 너무 느리게 흐르거나, 갑자기 너무 빠르게 흐르거나, 어딘가 막히는 등 불규칙해지면서 심정지, 심상마비, 뇌졸중, 심근경색 등으로 죽음에 이르게 된다. 혈관을 새로 바꿀 수는 없다. 운동을 통해 내 몸의 혈관이 정상적으로 작용하도록 돕는 것이 가장 좋은 방법이다.

심혈관 질환을 예방하는 대표적인 유산소운동이 '걷기'다. 나무가 뿌리부터 늙듯이 사람도 다리가 먼저 늙는다고 한다. 옛말에도 "다리가 튼튼하면 오래 산다"고 했다. 허튼 말이 아니다. 미국의 〈예방(Prevention)〉이라는 의학잡지에서 "장수하는 사람의 전체적인 특징은 다리 근육에 힘이 있는 것"이라고 정의했다. 노인들은 잘 넘어진다. 다리의 힘(근육)이 약하기 때문이다. 넘어져서 관절이라도 다치면 큰일이다.

꾸준히 하루 1시간 이상 걷는 것만으로 충분하다. 지팡이를 짚지 않고 걷는 것만으로도 건강하다. 걷기는 심폐 기능과 노인에게 절대적으로 필요한 다리 근육을 강화해준다. 다리에는 우리 온몸의 신경과 혈관의 절반이 모여 있으며 온몸에 있는 혈액의 절반이 흐르고 있다고 한다. 자전거를 타는 것도 다리 근육을 만드는 데 좋다. 나는 중고등학교를 자전거로 통학했고, 지금도 스포츠 센터에 가면 자전거를 타고 러닝머신을 뛴다.

그다음은 평상심(平常心)을 유지하는 것이다. 신체 건강도 중요하지만 더 중요한 것이 정신 건강이다. 스트레스는 만병의 근원이다. 항상 단순하고 편안한 마음으로 모든 것에 감사하며 좋은 생각을 지니고 화내지 말고 긍정적으로 즐겁게 살아야 오래 산다. 가족이든 친지든 자주 어울려 많이 웃어야 한다.

> 마음에도 근육이 필요하다. 스트레스를 견디고 버틸 수 있는
> 회복 탄력성이 있어야 한다. 유리 멘탈이어서는 안 된다.
> 나는 몸과 마음의 건강을 함께 지킬 수 있는 방법으로
> 강의 중에 호흡명상을 가르친다.

KBS 〈아침마당〉에서 이상벽 선배를 모시고 명상법과 단전호흡법을 직접 시범 보인 바 있다. 사람들은 숨을 바르게 쉬지 못한다. 숨을 들이마시면 배가 풍선 부풀듯이 나와야 하는데 오히려 들어가는 사람들이 의외로 많다. 숨을 깊고 길게 들이마시고 내쉬기를 반복하다 보면 머리가 맑아지고 배가 따뜻해진다. 그러면 입에 침이 고이기 시작한다.

숨의 길이와 침이 바로 건강의 바로미터이다.

최근 WHO(세계보건기구)는 새로운 20가지 건강 수칙을 발표했다. '좋은 술을 적당히 마시면 건강에 좋다'는 것이 첫 번째이고, '무조건 걸어라'가 두 번째다. 그다음 마사지, 즐겁게 하라, 좋은 친구와 함께하라, 오래 앉지 마라, 생강을 먹어라, 잠을 잘 자라, 설탕을 적게 먹어라, 진정해라, 채소, 사과, 차,

마늘, 견과류를 많이 먹어라, 마지막으로 많이 웃으라고 했다.

'정년'이라는 개념이 사라졌다. 그러고 보면 장수시대에 은퇴하고 40~50년의 긴 여생을 살아야 할지도 모른다. '어떻게든 되겠지' 하며 반평생을 어물어물 살아갈 수는 없다. 되는 대로 살다 보면 건강도 나빠질 수밖에 없다. 의식의 변화가 필요하다.

삶의 속도를
서서히 줄이자

〈나는 자연인이다〉(MBN)

는 속세를 등지고 산속에 들어가서 혼자 살아가는 사람들의 생활을 보여주는 프로그램이다. 산속에 들어가서 혼자 사는 까닭과 살아가는 방식 등이 흥미 있는 볼거리를 제공하는 인기 프로그램이어서 재방송을 보여주는 채널들이 많다.

그들이 가족과 떨어져서 산속에 혼자 사는 까닭은 여러 가지가 있지만 대다수가 건강 때문이다. 너무 일에 파묻혀 과로한 탓으로 건강이 완전히 쇠진했다거나, 특별한 질병이 생겨 병원을 다녔지만 원인이 밝혀지지 않았다거나, 불치병이라든가, 치료해도 낫지 않아서 산속에 들어왔다는 것이다.

신기하게도 산속에서 자연인으로 살아가면서 그러한 지병들이 말끔히 나았다고 한다. 그들이 산속에서 활기차게 살아가는 모습을 보면 거짓말이 아닌 것 같다. 무엇보다 맑은 공기를 마시고, 산에서 갖가지 약초를 채취해서 마실 거리도 만들고 음식에도 넣고, 규칙적인 생활을 하면서 하루 종일 부지런히 일하고, 사회와 단절되어 스트레스를 받지 않으니 지병이 자연적으로 치유된 것 같다. 자연인들도 그러한 사실을 인정하고 있다.

자신의 건강을 지키는 것에는 성별과 나이가 없다. 체력이 한창 왕성한 20~30대에는 특별한 질환이 없어서 소홀할 수 있지만 늦어도 40대부터는 자신의 건강에 각별한 관심을 가져야 한다. 몸이 좀 불편하고 몸살감기 증상이 있어서 병원에 갔더니 뜻밖에 큰 질병일 수도 있고, 자기는 건강하다고 생각했는데 종합검진에서 전혀 예상하지 못했던 치명적인 질병이 발견되기도 한다. 더욱이 나이가 많아지면서 가장 두려운 질병이 돌연사와 갖가지 암과 치매다. 이러한 치명적인 질병들에 어떻게 대처해야 할까?

돌연사란 정상적으로 일상생활을 하던 건강한 사람이 갑자기 의식을 잃고 사망하는 것을 말한다. 일명 급사라고도 한다. 원인은 심장병이다. 돌연사의 약 75%가 관상동맥 질환이라고 한다. 그 밖에 뇌졸중, 뇌혈관 질환이 원인이 될 수도 있다.

심정지는 심장이 아무 예고 없이 갑자기 박동을 멈추는 상태를 말한다. 심장이 정상적인 수축 작용을 하지 못해 혈액 공급이 완전히 멈춘 상태이다. 갑작스러운 심장 발작이 원인이지만 반드시 그것만은 아니다. 심정지가 일어났을 때 4분 안에 심폐소생술 등 응급조치를 취하지 않으면 뇌사 상태에 빠지고 그 이상 지체되면 사망할 수 있다. 심정지의 주요 원인은 관상동맥 질환이다. 심장마비와 혼동하기 쉽지만 의학적으로는 차이가 있다.

심장마비는 혈액순환에 문제가 생겨 심장의 근육에 정상적으로 혈액을 공급하지 못함으로써 관상동맥이 좁아지거나 막혔을 때 발생한다. 그러나 심정지가 심장 박동이 완전히 멈춘 상태라면 심장마비는 여전히 심장이 뛰고 있는 상태다. 역시 심폐소생술 등 빨리 조치하지 않으면 생명을 잃게 된다.

자다가 죽었다고 하는 사람들이 있다. 저녁 잘 먹고 TV를 보다가 평소처럼 잠자리에 들었는데 아침에 일어나지 않아 문을 열어보니 숨져 있었다는 것이다. 심장마비로 사망한 것이다. 심정지나 심장마비로 갑작스럽게 사망하는 것도 돌연사로 볼 수 있다. 자연사도 대부분 심장마비가 원인이다. 그나마 갑작스러운 심장 질환이 일어나기 전에 전조 증상들이 있다.

이를테면 심한 가슴 통증, 호흡곤란, 어지럼증, 구토증, 극심한 무기력과 피로감 등이 그것이다. 이런 증상들이 지속되면 빨리 병원을 찾아야 한다. 참고로 몇 가지 덧붙이면 어지럽고 피부가 축축해지는 느낌은 동맥류에 이상이 있다는 신호이다. 또 엄지발가락에 통증과 부기가 있으면 통풍의 징조라고 한다.

각종 암은 우리 국민의 사망 원인 1위다. 우리 국민의 평균 기대수명은 83.5세다. 이 나이까지 생존할 경우 남자의 39%, 여자의 33.9%가 암에 걸린다고 한다. 남자가 여자보다 암 발생 가능성이 더 크다. 또한 우리나라 사망 원인의 4분의 1이 암이라고 한다.

일반적으로 면역력이 크게 떨어진 노인들에게 많이 발생하는 것으로 알고 있지만 요즘은 나이와 관계없이 어린이부터 청소년, 중년을 가리지 않고 암이 발생한다. 특히 중년 여성들은 유방암, 갑상선암의 발생률이 높아지고 있다.

의사이자 언론인인 홍혜걸 박사는 폐암을 앓고 있다. 그는 자신의 체험을 통해 암에 대한 여러 가지 좋은 정보들을 전해준다. 그는 우리 몸의 세포가 늙고 손상돼 발생하는 돌연변이 유전자인 암세포는 각양각색이며, 세포 분열 과정에서 무작위로 발생한다고 한다.

따라서 암 발생은 유전적 요인도 있지만 운(運)이라는 것이다. 운이 좋으면 암에 걸리지 않고 운이 나쁘면 암을 피해 갈 수 없다고 한다. 하지만 암이 발생하는 원인은 대부분 밝혀져 있다. 금연, 걷기 운동, 건강 체중 유지 등과 올바른 섭생으로 잘 먹고, 잘 자고, 잘 쉬고, 평화로운 마음가짐으로 각종 스트레스를 줄여 암의 발생 요인을 제거해나가야 한다. 갖가지 스트레스는 면역력을 떨어뜨려 암이 발생할 가능성을 높인다.

아울러 홍혜걸 박사는 암을 극복하는 마음가짐으로 '감행조'를 강조했다. 감행조란 매사에 감사하고 행복한 마음을 가지고 조심하라는 것이다.

신진대사와 면역력이 크게 떨어진 노인들은 암에 걸리기 쉽다. 암세포는 쉬지 않고 우리 몸에서 자라나고 있어서 노년에도 걸리지 않으면 정말 운이 좋은 것이지만, 암에 걸렸을 때 항암치료도 고통스럽고 치료비도 만만치 않다.

더구나 병원에서는 나이에 관계없이 수술을 권유하지만, 노인은 심사숙고할 필요가 있다. 80세가 넘었다면 수술을 삼가라고 말하는 사람들이 많다. 노인들은 노화 현상으로 신진대사가 원활하지 못해 암이 발생했더라도 진행 속도가 매우 느리다는 것이다.

치매와 알츠하이머는 대개 60세 이상의 노인들이 걸리는 인지장애 현상이다. 요즘 효과적인 치료법이나 좋은 약들이 나오고 있다지만 한번 치매에 걸리면 차츰 악화될 뿐 정상 회복이 거의 불가능하다. 초기에는 차츰 심해지는 건망증으로 기억이 상실돼 같은 말을 몇 차례씩 되풀이하기도 한다. 그러면서 하루 전에 있었던 일도 기억 못 하고 마침내 가족의 얼굴조차 잊어버린다. 또한 밖에 나갔다가 집을 찾아오지 못해 길을 잃는다. 자신이 잊지 못하는 특정한 상황만 기억하는 경우도 있다.

북녘에서 내려온 실향민이었던 노인은 가족의 만류에도 불구하고 "나, 청진에 간다" "빨리 청진에 가야 한다"면서 집을 나선다고 한다. 치매가 깊어지면 대소변도 가리지 못한다.

집안에 치매 환자가 있으면 가족이 큰 고통을 겪는다. 항상 곁에 있어야 하고, 끊임없이 보살펴야 하기에 꼼짝할 수도 없다. 치매 환자가 엉뚱한 행동을 하려고 할 때 그것을 만류하기가 여간 힘든 일이 아니다. 치매 환자가 된 늙은 아내 곁에서 수년 동안 수발하던 남편이 아내를 목 졸라 죽이고 자신도 극단적인 선택을 한 경우도 있다.

이처럼 돌연사, 암, 치매와 같은 치명적인 질병들은 예측하기 어렵기 때문에 늦어도 중년부터는 예방에 최선을 다해야 한다.

가장 먼저 운동을 꾸준히 한다.
하루에 적어도 30분 이상 빨리 걷기 운동,
그리고 자연과 친해지는 것이다.

정기적인 등산과 트레킹도 좋고, 둘레길 걷기는 더욱 좋다. 여러 코스가 있는 서울 북한산 둘레길을 비롯해 전국 각지에 훌륭한 둘레길들이 많다. 친구 또는 가족과 서너 시간을 함께 걸으면 걷기 운동이 저절로 될 뿐 아니라 숲길을 걸으며 자연을 감상할 수도 있고, 맑은 공기를 마시며 자연과 친해지게 된다. 시간이 부족하면 가까운 곳에 있는 공원을 산책하는 것도 도움이 된다.

또한 긍정적인 마음가짐으로 스트레스를 줄이고, 섭생에 관심을 가져야 한다. 치매 예방을 위해서는 두뇌 운동, 즉 머리를 많이 써야 한다. 하루 30분 이상 독서하는 것도 좋은 방법이다. 아울러 친구들이나 이웃 등 사람들과 많은 대화를 하고 매일 30분 이내의 짧은 낮잠을 자는 것도 좋다.

또한 끊임없이 머리를 쓰고 손을 쓰는 것이 좋다. 쉬운 표현으로 쉬지 않고 꼼지락거려야 좋다. 농촌의 노인들이 치매에 잘 걸리지 않는 것은 쉴 새 없이 잔일이라도 하기 때문이다. 역시 홍혜걸 박사의 '감행조'를 다시 한 번 강조하고 싶다. 매사에 감사하고 행복하고 건강에 조심해야 한다.

넘치는 것은
모자란 것만 못하다

"배고픔을 즐겨라"고 하면, '이게 무슨 헛소리야?' 하고 생각하는 사람들도 있을 것이다. 우리 민족은 전통적으로 가난했기에 무엇보다 먹거리 해결에 민감했다. 농촌에서는 춘궁기에 어머니들의 가장 큰 걱정은 자녀들을 굶기지 않는 것이었다. 자녀들과 노부모에게는 보리죽이라도 끓여서 주고, 어머니는 부엌에서 숭늉으로 허기진 배를 달래기도 했다.

어찌 보면 우리는 좋은 세상에 살고 있다. 요즘 먹거리가 없어서 굶는 사람은 없다. 오히려 먹거리가 넘쳐나고 너무 많이 먹어서 문제가 되고 있다. 다이어트를 위해 의도적으로 끼니를 거르는 여성들도 있지만, 먹거리가 없는 것이 아니라 넘치다 보니 특별히 맛있는 것을 찾아다닌다. 소문난 맛집 앞에는 손님들이 줄을 선다. 1시간 넘게 기다려도 불평 한마디 하지 않는다. 쉽게 말하면 너무 많이 먹어서 걱정이다.

넘치는 것은 부족한 것만 못하다. 나이가 들수록 '3과'를 피해야 한다. '3과'란 과식, 과로, 과욕을 말한다. 모두 넘치는 것을 피하라는 얘기다. 현대인들은 자기가 하는 일에 너무 욕심을 부린다. 그리하여 온갖 스트레스가 쌓이고 과로한다. 스트레스와 과로는 만병의 원인이다. 소 잃고 외양간 고치지 않으려면 과욕과 과로를 피해야 하는 것은 두말할 필요 없다. 건강은 한번 무너지면 정상으로 회복하기 힘들다.

과욕과 과로는 기성세대들의 오랜 관행이다. 요즘 젊은 세대들은 다르다. 개인주의 성향이 강한 젊은이들은 자기주장이 강하고 자기중심적이다. 과욕보다 자신에게 충실하다.

과식도 큰 문제가 된다. 과식하면 살이 찐다. 비만을 대수롭지 않게 생각하는 사람들도 적지 않지만 비만은 질병이라고 할 수 있다. 특히 우리나라 어린이와 청소년들의 비만율이 점점 높아지고 있다. 하나 또는 둘뿐인 소중한 자녀를 풍족하게 먹이기 때문이다. 엄마는 자녀들이 건강하고 튼튼하게 성장하도록 잘 먹이지만 오히려 건강을 해칠 수 있다.

최근 대한비만학회의 학술대회에서 을지의대 가정의학과 허연 교수는 "비만은 정신 심리, 뇌신경, 호흡기, 심혈관, 위장관, 내분비 등 여러 질환을 동반하고 당뇨병, 고혈압, 이상

지질혈증, 암 등 질병 발생 위험을 증가시켜 사망 위험을 높인다"며, "통계에 따르면 비만은 정상 체중에 비해 당뇨병 발생 위험률이 2.6배 높고, 심근경색은 1.2배, 뇌졸중도 1.2배 가량 높다"고 설명했다.

우리 국민의 비만율은 2020년 기준으로 남성 48%, 여성 27.7%이며 빠르게 증가하고 있다. 비만의 가장 큰 원인은 운동을 적게 하고, 육류 등으로 지방을 많이 섭취하기 때문이다. 운동도 꾸준히 해야겠지만 과식을 삼가야 한다. 과식하면 소화에 부담을 줘서 위장장애가 일어나기 쉽고, 졸음이 오고 행동이 느려지고 나태해진다. 집중력이 크게 떨어지는 것은 말할 것도 없다.

예로부터 적게 먹는 소식(小食)을 하라고 강조했다.
소식하면 소화기 질병과 비만을 예방할 뿐 아니라,
혈압을 낮추고 당뇨를 일으키는 혈당을 조절할 수 있다.

또한 과식은 암의 중요한 요인이기도 하다. 식도암, 위암, 대장암, 직장암, 간암 등 각종 암의 발생 위험을 줄일 수 있다. 그리하여 소식을 하면 건강하고 장수한다.

이른바 '먹방' 프로그램이 많다. 출연자들이 맛있게 먹는 모습을 보면 식욕이 당기고, 나도 그렇게 먹고 싶어진다. 잘 먹는 것이 한때의 시대 풍조여서 그런 프로그램들이 앞다퉈 생겨났는데, 먹방 출연자들의 과식에 현혹돼서는 안 된다.

여러 전문가가 하루 10시간 이상 공복을 유지하라고 권고한다. 10시간이면 한 끼 이상 건너뛰는 시간이다. 조금 배고픈 듯한 상태일 때 머리가 맑고 집중이 잘된다. 또한 식욕이 생겨 음식을 맛있게 먹고 소화도 잘된다. 그렇다고 억지로 끼니를 거르거나 식욕이 없어서 먹지 않는 것이 아니다. 항상 소식하고 약간의 배고픔을 즐기는 것도 건강하게 사는 방법이다.

재미있게 관리하는
헬시 플레저

이른바 'K팝'이 세계적인 선풍을 일으키고 있다. 가수 싸이의 '강남 스타일'에 이어서 BTS, 블랙핑크 등이 K팝을 주도하고 있다. 우리나라가 세계의 대중음악을 주도하는 것이 너무 자랑스럽고 꿈만 같다. 언제부터 우리가 그렇게 춤을 잘 추고 노래를 잘했는지 신기하기만 하다.

지금의 4050세대도 일찍부터 서태지와 아이들, H.O.T, 핑클, 원더걸스, GOD 등 춤추며 노래하는 수많은 아이돌 그룹들과 함께 성장했다. 그 때문인지 중년 세대들도 춤과 노래를 좋아할 뿐 아니라 대부분 노래도 잘하고 춤도 잘 춘다. 청소년 세대들은 말할 것도 없다.

생활에 쫓겨 어려운 시대를 살았던 노인들은 체계적인 춤이 없다. 그저 약간 몸을 흔들며 양팔을 휘저을 뿐이다. 그래서 예전 어느 아이돌 그룹의 노래에 마치 자동차 핸들을 조종하는 듯한 '관광버스 춤'의 퍼포먼스가 인기를 얻기도 했다.

최근 지방의 어느 초등학교 6학년이 담임선생님의 주도하에 다 함께 춤추는 모습이 보도됐다. 춤을 통해 어린이들이 단결하고 분위기도 좋아져서 적극성을 갖게 되어 학습 효과도 크다는 것이다.

세대와 남녀의 구별 없이 자신들의 건강을 위해 운동해야 한다는 것은 두말할 필요도 없다. 나이가 들어가는 중년, 노년의 기성세대들은 반드시 규칙적으로 운동해야 한다. 지병이 있거나 아프면 운동하기 힘들다. 건강할 때 운동하는 것이다. 누구나 이런 사실을 잘 알고 있다. 하지만 너무 바빠서 운동을 못 하고, 운동하는 것이 어떤 의미에서 자기 몸을 혹사하는 것이며 비슷한 동작을 반복하다 보니 귀찮고 지루해서 운동에 소홀한 사람들이 많다. 그런 사람들이 춤추면서 운동한다면 즐겁지 않을까?

중국에서는 공원이나 빈터에서 여러 사람들이 모여 무술을 훈련하는 듯한 자세로 체조하는 모습을 흔히 볼 수 있다. 남녀노소의 구별이 없다. 누구나 참여할 수 있다. 다 함께 즐거운 마음으로 운동하는 것이다.

우리도 즐겁게 운동할 수 있는 방법은 얼마든지 있다. 대표적으로 댄스 스포츠를 추천하고 싶다. 남녀가 짝을 이루고 음악에 맞춰 다양한 춤을 추는 스포츠로 오랜 역사를 지니고 있다. 댄스 스포츠를 즐기면 여러 가지 효과를 얻을 수 있다. 중년 이상이라면 짝을 이뤄 춤을 추기 때문에 부부 사이가 좋아진다. 어떤 춤이든 끊임없이 움직여야 하므로 운동 효과가 높고 춤추는 동안 즐거우니 정신 건강에도 매우 좋다.

실제로 댄스 스포츠를 즐기면 유산소운동을 함으로써 심폐 기능이 향상되고, 혈액순환을 강화하며, 걷기 운동을 대신할 수 있어서 하체 근육이 튼튼해진다. 특히 노년에 이르면 하체 근육 강화가 필요하다. 아울러 댄스는 전신운동으로 근력과 지구력 향상과 비만 등의 성인병 예방에도 매우 좋다. 정신적 만족까지 얻을 수 있어서 낙관적이고 긍정적인 마음가짐을 갖게 되어 삶에 의욕이 넘친다.

즐기면서 건강을 강화하는 것을

'헬시 플레저(Healthy Pleasure)'라고 한다.

요즘은 중년뿐 아니라 노인들도 춤을 배운다.

'항상 배우고 즐겁게 살아야 한다'는 삶을 실천하는 것이다.

사교춤에 대해서 지금까지 우리는 무척 부정적인 인식을 지니고 있었다. 희미한 조명 아래 남녀가 밀착해서 춤추며 이성을 유혹한다는 인상이 강했다.

나도 젊은 시절 춤을 배우고 싶었다. 하지만 주변 사람들의 만류에 포기한 것이 너무 아쉬웠다. 후회 리스트에 올라 있는 사교춤 배우기를 몇 년 전에 시도해서 마스터했다.

댄스 스포츠가 아니더라도 즐겁게 운동할 수 있는 방법은 여러 가지 있다. 골프나 테니스, 사이클뿐 아니라 등산이나 트레킹, 둘레길을 걷는 것도 좋다.

노인들도 마찬가지다. 게이트볼, 배드민턴, 당구, 탁구 등 신체에 큰 무리가 가지 않는 스포츠는 더할 나위 없다. 운동은 억지로 하는 것이 아니다. 즐겁게 운동해야 효과가 크다.

나이 들수록
불편함을 즐겨라

몸이 아프다는 것은 내 몸이 불편한 것이다. 고열, 통증, 어지럼증, 오한, 소화장애, 구토와 설사 등으로 내 몸이 움직이기 힘들 정도로 불편할 때 아프다고 말한다. 그런데 내 몸이 불편하고 어색해야 오래 산다고 한다.

신체 이상이 아니라 운동을 말하는 것이다. 운동은 의도적이고 일시적으로 자기 몸을 불편하게 하는 것이다. 평소에 자주 안 하던 동작들을 반복함으로써 자기 몸이 무척 어색하게 느껴지는 것이 운동이다. 운동하면서 순간적으로 팔다리와 허리가 아프기도 한다. 그래야만 운동 효과가 있다. 운동할 때의 불편함과 어색함을 참아야 건강해지고 오래 살 수 있다.

운동하는 방법도 사람마다 다르다. 평상복 차림으로 천천히 걷는 사람이 있는가 하면, 트레이닝복을 입고 뛰는 사람도 있고, 팔을 규칙적으로 흔들며 팔운동까지 함께 하는 사람도 있다. 도시에는 공원을 비롯한 곳곳에 운동기구들이 있다. 예전에는 겨우 철봉대나 평행봉 정도였는데, 요즘은 보통 5~6가지의 현대식 운동기구들이 설치돼 있다.

익숙한 운동을 편하게 하면 체력이나 근육 강화에 별 도움되지 않는다. 그것은 본격적으로 운동을 시작하기 전에 몸을 푸는 맨손체조와 같은 스트레칭에 불과하다.

스트레칭은 근육이나 힘줄, 골격을 이완시켜 회복 탄력성을 향상한다. 스트레칭을 하지 않고 본격적으로 운동을 시작하면 경직돼 있던 근육이나 힘줄, 골격이 갑자기 충격받아 부상당하기 쉽다. 바꿔 말하면 신체의 근육, 힘줄, 골격 등에 자극을 주어서 강화하는 것이다. 자극을 받은 몸은 불편할 수밖에 없다.

스포츠 센터에서 팔근육을 강화하기 위해 역기를 반복적으로 들어 올리면 힘을 줄 수밖에 없어 팔이 아프고 계속하면 힘이 빠져 역기를 들어 올리지 못한다. 평소에 쓰지 않던 근육을 쓰기 때문에 어색한 것이다. 또한 다리 근육과 지구력을 강화하기 위해 러닝머신이나 고정돼 있는 사이클링을 한다. 역시 오랫동안 하면 땀이 샘솟고 다리가 아프다. 하지만 그것이 운동이다.

노인이 아니라면 불편해야 한다. 걷기 운동만 하더라도 너무 많이 걷거나 뛰어서 숨이 차고 다리가 아프고 땀을 흘릴 만큼 몸이 불편해야 운동 효과가 있다. 각종 기구를 이용한 운동도 그렇다. 운동에서 오는 불편함과 어색함이 쌓여 점점 건강해지고 활기 넘치게 된다. 입에서 쓴 약이 몸에 좋은 것과 같다.

하지만 무리하면 피로가 쌓여 여러 부위에 통증이 오는 등 오히려 건강에 해롭다. 땀이 나고 호흡이 조금 가빠지는 정도의 불편함이 적당하다. 또한 운동은 일시적이면 별 효과가 없다. 규칙적이고 꾸준해야 건강에 도움이 된다. 건강해야 오래 산다는 것은 상식이다.

뇌에 휴식을 주는
멍 때리기

현대인들은 바쁘게 살아간다. 자정을 훨씬 넘긴 늦은 밤에도 거리에 사람들이 오간다. 도대체 잠은 언제, 얼마나 자는지 궁금할 지경이다. 더욱이 몸만 바쁜 것이 아니다. 머리도 바쁘다. 지하철이나 버스에서도 한결같이 스마트폰을 들여다보고 있다.

건강을 유지하려면 운동과 함께 잘 쉬는 것도 중요하다. 휴식은 몸만 쉬는 것이 아니라 머리도 쉬어야 한다. 육체와 정신, 모두 건강해야 정말 건강한 것이다. 그런데 하루 일이 끝나 몸은 쉬어도 정신, 즉 머리는 쉬지 않는다. 스마트폰과 인터넷 등으로 쉴 새 없이 무엇인가 검색하고, 문자를 보내거나 댓글을 단다.

세상이 빠르게 변하고 글로벌 시대이다 보니 온갖 뉴스들이 쏟아지고 사건들이 끊임없이 발생한다. 아울러 그것들에 대한 자기 생각도 멈추지 않고 즉각적으로 반응한다. 어쩌다 몸은 쉬어도 머리는 쉬지 않는다. 청소년들도 조금만 시간 여유가 생기면 스마트폰이나 게임에 매달린다.

갖가지 스트레스와 크고 작은 걱정, 견해 차이에서 오는 다툼과 잡생각에 휩싸인다. 따라서 한때 '힐링(healing)'이 사회적 담론이 되기도 했다. 힐링은 육체보다 정신적 치유를 말하는 것이다. 그와 함께 등장한 것이 이른바 '멍 때리기'다.

'멍하다'는 정신적 충격을 받거나 지나치게 피로할 때, 잠시 뇌 활동이 멈춰 넋이 빠진 듯한 상태를 말한다. '멍 때리기'는 충격을 받아서가 아니라 의도적으로 넋이 빠진 상태를 만들어 뇌에 휴식을 주는 것이다.

지금까지 "그 친구는 좀 멍해" "꼭 얼빠진 녀석 같아"와 같이 부정적으로 사용해왔다. '멍하다'는 것이 어딘가 좀 부족하고 분별력이 떨어지는 '멍청이'와 비슷하게 사용되었다. 하지만 멍청이는 사전적으로 어리석고 분별력이 모자란 사람을 놀림조로 이르는 말로 '바보'와 비슷한 말이다.

'멍 때리기'와 멍청이는 관계가 없다. '멍 때리기'는 의도적으로 뇌에 잠시라도 휴식을 주자는 일종의 캠페인이다.

2014년부터 지금까지 '멍 때리기 대회'가 열리고 있다.

'멍 때리기'는 멍청이와 같이 부정적이고 비생산적인 행위가 아니라, 정신적 휴식과 함께 오히려 뇌 활동을 강화하는 매우 생산적이고 장점이 많은 행위로 밝혀지고 있다. 강북삼성병원 정신의학과 신동원 교수가 쓴 ≪멍 때려라≫에서 '멍 때리기'는 뇌의 휴식을 통해 자신의 뇌에 축적된 숱한 정보와 경험을 정리하고 새로운 생각들로 채울 수 있는 여백을 만드는 것이라고 했다. 말하자면 '멍 때리기'는 뇌의 재충전인 것이다.

불교에서 스님들이 행하는 선(禪)이나 여러 날 동안 면벽(面壁)하는 동안거(冬安居)나 하안거도 일종의 '멍 때리기'라고 볼 수 있다. '멍 때리기'를 통해 어떤 깨달음을 얻고자 하는 것이다. '멍 때리기'를 하는 가장 쉬운 방법은 눈을 감고 아무런 생각도 하지 않고 가만히 앉아 있는 것이다.

잡생각이 떠오르면 자신의 호흡에 집중하면 된다. 숨을 쉬고 숨을 내뱉는 것에 집중하면 잡생각이 사라진다. 그 밖에 산책하거나 잔잔한 클래식 음악을 듣는 방법도 있다. 요즘은 멍 때리기를 할 수 있는 카페도 있다.

특별히 장소를 구애받지 않아도 된다. 다만 조용한 곳이어야 한다. 자연환경이 가장 이상적이다. 가만히 앉아서 먼 산을 바라본다든지, 계곡의 물이 흐르는 것을 바라보기도 하고, 밤

하늘의 달이나 수많은 별을 바라보고 있으면 무아지경에 빠진다. 또한 바닷가에 앉아서 밀물과 썰물이 드나드는 것을 바라본다든가, 모닥불을 피워놓고 불꽃을 말없이 바라보는 것, 명상이나 단전호흡도 '멍 때리기'를 할 수 있는 좋은 기회다.

뇌과학자들은 '멍 때리기'처럼 아무 생각도 하지 않고 휴식을 취할 때 우리 뇌에서 작동하는 특정한 부위가 있다고 한다. 그리하여 '멍 때리기'를 하면 특정 부위가 활성화되면서 창의력과 집중력 등을 발휘할 수 있다. 욕조 물에 몸을 담그고 생각 없이 앉아 있다가 불현듯 좋은 아이디어가 떠오르기도 하고, 화장실에서 가만히 앉아 용변을 볼 때 전혀 생각하지 못했던 기막힌 묘안이 떠오르기도 한다.

인간은 평상시에 자신이 지닌 잠재력의 10%도 발휘하지 못한다고 한다. 불이 났을 때 다급하게 어른을 안고 나온다든가, 몹시 무거운 가구를 자기도 모르게 번쩍 들고 나오는 것도 잠재력이 발휘되는 것이다. 잠재력도 집중력에서 비롯된다.

발명을 연구하는 기관들도 이러한 '멍 때리기'가 주는 창의력으로 놀라운 발명을 많이 한다는 사실을 인정하고 우리 뇌의 휴식과 관련해서 꾸준히 연구하고 있다. 우리 몸과 정신은 모두 적절한 휴식을 취해야 한다. 특히 정신적인 휴식이 더욱 그렇다.

물건을 담는 그릇은 비워야 새 물건을 담을 수 있다. 우리

뇌도 마찬가지다. 각종 정보의 홍수 시대에 이미 머릿속에 잔뜩 쌓여 있는 온갖 정보들과 스트레스, 고민, 잡생각 그리고 자신의 체험, 경험 등을 쏟아버리고 잠시라도 머릿속을 비워야 새로운 생각, 좋은 생각들을 담을 수 있다. '멍 때리기'는 정신 건강에 큰 도움을 주는 활력소다.

살라, 오늘이
마지막 날인 것처럼

어림잡아 80년을 살면서 단 한 번도 아픈 적이 없는 사람이 과연 얼마나 될까? 계절도 바뀌고 날씨도 끊임없이 바뀌듯이, 인간의 삶도 수시로 바뀐다. 아무런 잔병 없이 건강하던 사람이 갑자기 아프기도 하고, 뜻밖에 큰 지병이 발견되기도 하고, 전혀 예측하지 못했던 사고를 당해 큰 상처를 입기도 한다.

그래서 건강한 사람들도 반드시 정기적으로 종합검진을 받으라고 한다. 사람마다 생활 환경이 다르고 체질이 다르기 때문에 일률적인 종합검진 결과가 모든 사람들에게 똑같이 적용된다고 할 수는 없지만, 종합검진을 통해 암이나 당뇨병 등을 발견할 수 있다.

선천적으로 건강한 사람이 있고, 체질이 허약한 사람도 있다. 아무래도 허약한 사람이 병에 잘 걸린다. 날씨의 변화에 민감해서 감기, 유행성 독감이나 각종 전염병에도 취약하다. 체질이 건강한 사람이라고 해서 병에 걸리지 않는 것이 아니다. 지나치게 불규칙한 생활을 하거나, 상습적인 음주와 흡연, 과로 등으로 앓아눕기도 한다.

물론 체력이 왕성한 젊은 사람들이나 나이와 상관없이 신체가 건강한 사람은 면역력이 강해서 웬만한 질환은 약물 치료나 병원 치료로 곧바로 회복된다. 하지만 지병이 있거나 큰 병에 걸려서 잘 낫지 않는 경우도 적지 않다. 그런 경우 병원에서 입원 기간이 길어지고 집에 누워 있어도 갖가지 걱정들이 밀려든다.

치료비는 갈수록 늘어나고 정상적으로 활동하지 못해 생활비, 자녀들의 교육비까지 걱정하게 되고, 자신이 추진하는 갖가지 계획들의 차질, 약속을 지키지 못하는 대인관계와 거래 관계, 직장인이라면 자신이 맡은 업무의 차질 등으로 날이 갈수록 우울해지고 심적 압박이 된다.

또한 우울증이 깊어지면서 불면증, 조울증, 조현병, 공황장애 등으로 발전한다. 신체 질환이 정신 질환을 초래한 것이다. "내가 이렇게 살아서 뭐 해?" "이렇게 사는 것보다 차라리 죽는 게 낫지" 하는 비관적인 마음이 심해지면 극단적 선택을 하기도 하고, 곁을 지키는 배우자나 가족들도 불안해진다.

신체의 질병이 정신 질환으로 발전한 것이다. 정신 질환은 신체 질환보다 치유가 더 어렵다.

2021년 기준으로 공식적인 공황장애 환자가 20만 명이 넘고 해마다 빠르게 증가하고 있으며 40대가 가장 많다. 갑자기 극심한 불안과 죽을 것 같은 두려움을 느끼는 공황발작을 일으키면 가족들마저 불안에 떨며 하루하루를 보낸다.

정신 질환은 정신의학과 치료와 심리상담을 병행해야 한다. 병원에서 치료받아도 회복이 매우 느리다. 정신이 아프면 만사가 귀찮아진다. 그러한 부정적이고 비생산적인 마음가짐 때문에 치료가 더욱 어려워진다.

그나마 가장 효과적인 것은 환자의 긍정적인 마음가짐이다. 좀처럼 완치되지 않는 암 환자가 '암은 내 친구'라는 긍정적인 마인드를 가졌을 때 오히려 증세가 완화되는 경우가 있다. "정신 질환은 신체의 어느 부위가 몹시 아프거나 병이 들고 망가진 것이 아니다. 오직 내 마음의 문제이다"라며 낙관적으로 생각해야 한다.

말기암으로 3개월 시한부 선고를 받았을 때 "내가 앞으로 3개월밖에 못 사는구나" 하는 절망적이고 부정적인 마음보다 "내가 앞으로도 3개월이나 더 살 수 있구나" 하는 긍정적인 마음을 가졌더니 3개월이 아니라 3년도 더 살았다는 실화처럼 긍정적인 마음가짐이 자기의 삶을 바꿔놓는다.

노년의 정신의학과 이근후 박사가 '여기와 지금'을 강조했듯이

자신의 환경과 처지를 긍정적으로 받아들이고

'오늘'에 충실하면 정신 질환도 차츰 완화된다.

'나는 왜 이럴까?' 하는 비관적인 생각을 할수록 더욱 깊게 비관적으로 빠져든다. 그보다 '오늘 뭘 할까', '오늘을 어떻게 보낼까?' 하는 긍정적인 마음으로 '오늘'에 충실하면 우울증이 사라질 것이다.

몸 근육,
마음 근육을 키워라

사업을 하든, 직장생활을 하든, 학교에 다니든, 많은 사람들이 하루의 대부분을 집 밖에서 보낸다. 그에 따라 식당, 카페, 술집 등을 거의 매일 이용하게 된다. 그러나 이러한 장소들보다 먼저 가야 할 곳이 있다. 바로 스포츠 센터이다.

스포츠 센터에 등록하면 이용료를 선불로 내야 하기 때문에 매일 나가야 한다는 의무감이 생겨 더욱 열심히 운동하게 된다. '운동해야지' 하고 생각만 하는 것이 아니라 하루도 빠짐없이 운동을 실천하는 것이다. 그와 같이 체계적인 운동을 위해서도 스포츠 센터를 이용하는 것이 좋지만, 그보다 부수적인 효과들이 더 크다.

스포츠 센터에서 트레이너가 가르쳐주는 대로 운동하면

원하는 부위의 근육이 눈에 띄게 향상된다. 그러한 자기 모습을 보면서 '하면 된다'는 자신감도 생긴다. 우리가 살아가는 데 있어서 자신감은 매우 중요하다. 자신감이 자신의 모든 행동과 활동에 의욕과 활력을 준다. 그리하여 자신의 목표를 달성할 수 있다.

운동하면 정의감과 용기를 얻는다.
운동을 통해 체력이 강화될수록 두려움이 사라진다.
그에 따라 불의를 보면 참지 못하는 용기를 갖게 되고
정의로운 행동에 과감하게 먼저 나선다.

가령 화재가 발생했을 때 남보다 먼저 뛰어든다든가, 갑자기 쓰러진 사람에게 달려들어 심폐소생술을 하는 등 정의롭고 의로운 일에 앞장서게 된다.

스포츠 센터 등에서 운동하는 것을 보면 많은 사람들이 상체 발달에 신경 쓴다. 어깨나 팔뚝 근육, 복부 운동 등으로 소위 왕(王) 자 만들기에 노력을 기울인다. 남들에게 뽐내기 위함인 것 같다. 그러나 나이가 들수록 하체 근육이 중요하다. 하체 근육을 향상시켜야 정말 튼튼한 것이다.

신체가 눈에 띄게 향상되고 점점 건강해지는 것이 좋아서 과욕을 부리면 자칫 역효과를 가져오기 쉽다. 몸이 불편한 것까지는 좋지만 너무 무리하면 근육이 뭉치고 갖가지 통증을 수반한다.

운동할 때는 열량 소모가 크기 때문에 섭생과 영양 관리에도 신경 써야 한다. 아울러 각종 운동기구를 이용하면서 힘을 쏟느라 이를 악물게 되는 경우가 많으니 치아 관리도 필요하다.

죽음 앞에서는
모든 것이 별일 아니다

최근 어느 신문에 앤디 맥도웰이라는 올해 65세 된 유명한 할리우드 여배우의 인터뷰 기사가 실렸다. 변함없는 미모를 지니고 있다고 칭송받는 그녀는 "나는 젊어지려고 노력하는 것에 지쳤어요. 나는 늙고 싶어요. 나이 들어가는 경험이 어떤 것인지 느끼고 싶어요"라고 말했다.

"늙어가는 것이 왜 수치스러운 일인가? 머리에 염색도 하지 않고 화장도 하지 않고, 거울로 지금의 내 자연스러운 모습을 보니 더 행복할 것 같았고, 지금 나는 정말 더 행복해졌습니다. 나는 다시 젊어지고 싶지 않아요. 나는 이미 젊어봤으니까……."

나이 든 사람들이 젊어지고 싶어 하고, 젊게 꾸미려고 애

쓰는데 늘어지고 싶다니 무슨 소리일까? 늙어간다는 것이 자랑일 수는 없겠지만 그렇다고 부끄러운 일도 아니다. 그것은 자신이 무르익어 가는 것이다. 얼마나 오래 사느냐가 중요한 것이 아니라 어떻게 사느냐, 어떻게 여생을 보낼 것인가 하는 것이 더 중요하다. 여기에는 마음가짐부터 갖춰야 한다. 그래서 잘 살다 가는 것도 실력이라고 말하는 것이다.

오래전 일본 TV의 단편 드라마에 이런 내용이 있었다.

70세를 넘긴 노인 남녀가 노인학교에서 처음 만나 서로 사랑하게 됐다. 그들은 단둘이 데이트하면서 할머니가 "아, 행복해요. 우리가 10년만 더 젊었으면 얼마나 좋을까?" 하고 아쉬워했더니 정말 10년이 젊어져 60대로 변한 것이다.

그래서 다음에 만났을 때 "정말 여기서 10년만 더 젊어졌으면……" 했더니 50대로, 너무 신바람이 나서 만날 때마다 "10년만 더……" 했더니, 40대, 30대, 20대로 변하는 것이었다. 두 노인은 기쁨에 넘쳐 "이제는 그만!"이라고 말했지만, 10대로 변하고, 어린아이로 변하고, 마침내 정자와 난자로 변했다는 내용이다.

잘 사는 첫 번째 조건은 지금 그대로, 지금의 자기 나이에 만족하며 나이에 걸맞게 사는 것이다.

슬기롭게 삶을 영위하려면 메멘토 모리(memento mori), 카르페 디엠(carpe diem), 아모르 파티(amor fati) 3가지를 잊어서는 안 된다.

라틴어 '메멘토 모리'는 '죽음을 기억하라'는 뜻이다. 먼 옛날 정복 전쟁이 많았던 로마제국 시대에 승리하고 로마로 돌아온 개선장군이 시가행진할 때 군중들이 환호성과 함께 "메멘토 모리!"를 외쳤다고 한다.

부와 명예는 영원한 것이 아니다. 인간은 누구나 언젠가는 죽는다. 죽음을 생각한다면 겸손해져야 한다. 부와 명예를 지녔다고 교만해서는 안 된다. 겸손한 삶이 잘 사는 것이다. 널리 알려진 얘기지만 고대 이스라엘의 현명한 임금이었던 솔로몬 왕이 손가락에 낀 반지에는 이렇게 쓰여 있다고 한다.

"이 또한 지나가리라.(This, Too, Shall Pass Away.)"

세월은 흐른다. 부와 명예와 성공과 영광도 잠시 머물다 지나간다. 온갖 고통도 역시 지나간다. 겸손하게 사는 것이 가장 잘 사는 것이다.

'카르페 디엠'은 '오늘에 충실하라'는 뜻이다. 그다음 '아모르 파티'는 가수 김연자의 노래로 널리 알려져 있다. 퍼포먼스가 따르는 경쾌한 노래여서 사랑의 파티로 착각하는 사람들이 많다. 'amor'는 로마신화에서 사랑의 신을 말하고 'fati'는 '운명'으로 '아모르 파티'는 '운명을 사랑하라'는 뜻이다.

운명은 자신이 타고난 삶의 방향과 우여곡절을 말한다.

운명이 있든 없든, 나이에 걸맞게 자신에게 주어진 삶을

긍정적으로 받아들이고, 현실에 충실하며 즐겁게 사는 것이

잘 사는 것이다. 더불어 남들을 배려하고

베풀며 산다면 더할 나위 없다.

나이가 들어서도 젊게 살고 싶어 하는 것은 남은 인생을 건강하게 살고 싶다는 것이다. 그를 위한 도움말들이 있다. 대략 간추려보면 첫째가 긍정적인 마음가짐이다. 자신의 현실을 있는 그대로 수용하고 거기에 맞춰 사는 것이다. 노욕(老慾)은 절대 금물이다.

또한 자신의 정체성과 가치관이 있어야 당당하다. 특별한 취미가 없다면 책을 읽는다. 책을 읽을 시간과 마음이 있다는 것은 삶에 여유가 있는 것이다. 또한 독서는 노인들이 가장 두려워하는 치매를 예방하는 데 아주 좋다. 항상 이웃을 가까이하고, 남을 이해하고 배려한다면 자신도 그들로부터 여러 가지 도움을 받는다. 꾸준히 운동해야 하는 것은 두말할 필요 없다.

그와 함께 생활의 편리와 만약의 경우를 대비해서 병원, 은행, 지하철, 식당이 가까운 곳에 사는 것이 좋고 가능하면 자녀들과 가까운 곳이면 더욱 좋다. 노년을 여유 있게 자연과

더불어 조용히 살고 싶은 마음에서 별장을 갖는 노인들이 많은데 바람직하지 못하다고 한다. 무엇보다 관리비가 많이 들고, 조용히 자연을 즐기는 것도 한 달만 지나면 지루해지고 외로움을 느끼게 된다는 것이다. 그보다는 모든 편의시설이 갖춰진 도시가 낫다는 것이다.

언젠가 다가올 죽음에 대해서도 신중하게 생각해보고 미리 준비할 필요가 있다. 최근 국내외에서 존엄사와 안락사 등이 사회적 이슈가 되고 있다. 인위적인 임종에 대해 생명의 소중함을 중요시하는 의사들은 사명감으로, 종교계는 종교적 윤리로 반대한다. 그러나 인위적인 임종은 죽음을 앞둔 사람이 자신의 자유 의사에 따라 품위 있게 죽음을 선택할 수 있는 권리다.

많은 사람들이 임종을 병원에서 맞이한다. 우리나라의 74.8%가 병원에서 죽음을 맞이하는데, 다른 선진국보다 훨씬 높다. 그것도 병원의 1인실이 아니라, 4인실, 6~8인실, 다른 환자들 옆에서 눈을 감는다. 품위 있게 임종을 맞는 것과는 거리가 멀다. 자택에서 임종을 맞고 싶은 사람이 38%나 되는데도 말이다.

우리에게도 연명의료결정법이 있다. 병원에서는 임종을 앞둔 환자를 살려보려고 온갖 의료기구를 사용해서 연명치료를 한다. 때에 따라서는 의학적으로 임종이 확실한데도 연명치료를 중단하지 못한다. 죽음을 앞둔 사람에게는 엄청난 고통이다.

연명의료결정법은 자신이 미리 연명치료를 거부할 수 있는 법률이다. 그러자면 관계 기관에 연명치료 중단 의향서를 제출해야 한다. 현재 약 25만 명이 신청했다고 한다. 하지만 임종이 임박해서 환자의 의사와 관계없이 가족들이 서둘러 신청하는 경우가 많다고 한다. 또한 종합병원은 윤리위원회가 최종 결정을 내린다. 자신의 존엄사에 대해서도 진지하게 생각해볼 필요가 있다.

노인들이 죽음을 앞두고 가는 곳이 바로 요양원이다. 가족들에게 부담을 주지 않기 위해 몸이 불편한 노인이 스스로 요양원을 선택하는 경우도 있지만, 대부분 가족들이 돌보기가 너무 힘들어 요양원에 보낸다. 그래서 노인들은 요양원에 가는 것을 '고려장'이라고 생각한다.

요양원의 취지는 좋다. 그러나 현실적으로는 문제점들이 많다. 입원한 노인을 마치 정신병자 취급하기도 하고, 학대하는 곳도 많다고 한다. 또한 요양원에서는 존엄사가 거의 불가능하다. 1천 곳이 훨씬 넘는 우리나라 요양원에서 존엄사가 가능한 곳은 10분의 1도 안 된다.

세월은 무작정 흘러간다. 우리는 하루하루를 산다고 하지만, 냉정하게 말하면 하루하루 죽음을 향해 다가가는 것이다.

세월이 흘러가듯 나도 쉴 새 없이 움직여야 한다. 나이 들어서는 대부분 동창들을 만나 이야기를 나누는 즐거움을 누린다.

그와 함께 자신이 무엇인가 계획을 세웠다면 의욕적으로 실행에 옮겨야 한다. 또한 내가 건강하게 돌아다닐 수 있음에 감사하고, 내가 살아 있음에 감사하고, 자신과 관련된 모든 것들에 감사하라. 살아 있다는 것은 움직이는 것이다. 움직이지 못하면 죽은 것이나 다름없다.

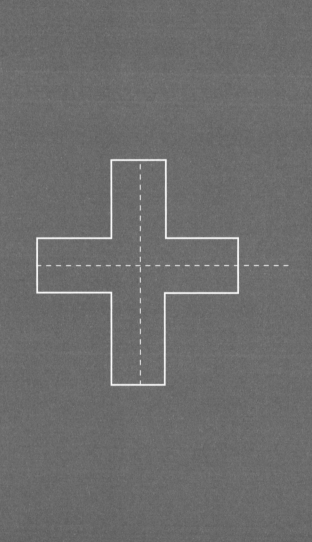

PART 4

HERITAGE

더 나은 것들을
대물림하라

엄마라는 이름으로
살아간다는 것

어느 책에서 읽은 미국의 '자유의 여신상'에 대한 얘기다.

뉴욕의 허드슨강 입구, 리버티 섬에 '자유의 여신상'이 서 있다. 미국의 상징과도 같은 이 여신상의 높이는 받침대에서 치켜 든 횃불까지 93.5m, 집게손가락 하나의 길이만 2.44m 에 달하는 거대한 청동 조각상이다.

자유의 여신상은 미국 독립 100주년을 기념해서 프랑스가 미국에 선물한 것이다. 여신상이 워낙 커서 350조각으로 나 뉘 214개의 상자에 넣어 선박으로 운송했다. 1984년 유네스 코 세계유산에 등재됐다.

프랑스는 이 거대한 여신상의 제작을 그 당시 프랑스에서 가장 유명한 조각가였던 바르톨디(Frederic Auguste Bartholdi)

에게 의뢰했다. 그의 가장 큰 고민은 여신상의 얼굴 모델을 누구로 할 것인가였다. 미모의 여배우, 여성 정치가 등 수많은 추천이 있었지만 그가 생각하는 여신의 얼굴은 많은 사람들이 자유를 떠올리고 자유를 수호하는 자애로운 여인의 얼굴이었다.

이 세상에서 가장 자애로운 얼굴은 어떤 모습일까?

여러 날 동안 고심하던 바르톨디는 자신을 낳아 길러주신 어머니야말로 이 세상에서 가장 자애로운 얼굴이라고 생각했다. 그리하여 늙으신 어머니를 모델로 작업해나갔지만 오랜 시간 가만히 앉아 있어야 하는 어머니가 너무 힘들어하자, 어머니 얼굴을 닮은 젊은 모델을 찾아내서 작업을 계속했다.

바르톨디는 1875년에 작업을 시작해서 1884년에야 끝냈다고 하니 무려 9년이 걸린 셈이다. 그리고 작업이 끝났을 때 그는 어머니 얼굴을 가장 닮은 그 젊은 모델과 결혼했다.

요즘 우리 어머니들은 자녀가 하나 또는 둘뿐인 저출산 시대를 살고 있다. 외동아들, 외동딸을 정성을 다해 키운다. 너무 소중한 자녀이기에 거의 본능적으로 과잉보호할 수밖에 없다. 그런데 지나친 과잉보호가 문제가 되는 경우가 많다.

자녀가 어머니의 엄한 훈육과 온갖 지시를 순순히 받아들여 이른바 '엄친아'가 되면 다행이지만, 그렇지 못하고 빗나가거나 비뚤어진 행동을 하는 경우를 자주 볼 수 있다. 그런 자녀들이 성장하면 자신의 요구를 들어주지 않는다고 부모를 폭행하고, 끊임없이 돈을 요구하거나 재산을 빨리 물려달라고 윽박지르고, 심지어 부모를 살해하기까지 한다.

이러한 행태를 심리학에서 '아그리피나 콤플렉스(Agrippina Complex)'라고 한다. 아그리피나는 고대 로마제국의 폭군 네로 황제의 어머니다. 정치적 야심이 컸던 그녀는 아들 네로를 황제로 만들기 위해 온갖 통제를 했으며 어린 나이에 황제에 등극시키고 자신이 전면에 나서 섭정을 했다. 네로를 철저히 통제하고 간섭해서 그가 사랑하는 여인과 결혼조차 하지 못하게 막았다. 결국 네로 황제는 그처럼 가혹한 통제와 간섭에 큰 불만을 품고 마침내 어머니를 살해했다.

자녀에 대한 지나친 과잉보호는 자칫 '아그리피나 콤플렉스'가 되기 쉽다. 요즘 표현으로 일종의 가스라이팅(gaslighting)이다. 자기 자녀를 보호한다는 이유로 자녀의 심리나 상황을 조작하며 통제하고 조종하는 것이다.

자녀가 어머니에게 고분고분 순응해도 문제다. 그런 아이는 성인이 되더라도 스스로 뭔가를 하지 못한다. 정체성이나 자립성이 없어서 모든 것을 어머니에게 의지하고 어머니 곁을 떠나지 못한다. 자칫 영원히 마마보이가 된다. 그렇지 않고 어머니에게 반발하면 '아그리피나 콤플렉스'로 부모에게 무슨 짓을 할지 모른다. 아이들에게도 최소한 자기가 좋아하는 것을 할 수 있는 자유가 있어야 한다.

어머니들에게 꼭 필요한 미덕은 '자애로움'이다.
자녀를 엄하게 다스리는 것도 아니고,
아이가 원하는 것은 무엇이든 다 들어주는 것도 아니다.
어느 어머니든 자녀에게 자애롭다고 말하겠지만,
본능적으로 우러나오는 모성애가 자애로움이다.

X세대가 키운 Z세대, 그리고 밀레니얼 세대가 키운 알파 세대

　　　　　　　　　　　영국의 산업혁명 시대에 증기기관차가 등장했다. 많은 시민들이 증기기관차에 탑승하고 흥분을 감추지 못했다. 도대체 얼마나 빠를까 하는 기대감이 가득했다. 이윽고 열차가 출발하고 곧 시속 50km로 달리기 시작했다. 승객들은 몸을 가누지 못할 정도였다. 눈을 감고 있는 사람, 멀미와 구토하는 사람, 서로 부둥켜안고 있는 부부, 죽음을 앞두고 있는 것처럼 기도하는 사람······.

　마침내 기차가 목적지에 도착했을 때 그들은 비틀거리며 기차에서 내려 한결같이 입을 모았다.

　"너무 빨라서 죽는 줄 알았어요. 기차 타기가 무서워요."

　겨우 시속 50km였다. 교통수단이 마차였던 시대에는 놀랄 만한 속도였을 것이다. 요즘 같으면 아무리 완행열차라도 그보다는 빨리 달린다. 승용차도 계속 그 속도로 달리면 지루하고 답답하다. 고속도로에서 시속 50km로 달리면 오히려 위험하다. KTX와 같은 고속열차는 시속 300km 이상으로 달린다.

현대에 이르러 시대가 더욱 빠르게 변화한다. 그에 따라 세대의 변화도 놀랄 만큼 빠르다. 한창 자녀들의 훈육과 교육에 정성을 쏟고 있는 지금의 30~50대 부모들을 두 부류로 나눌 수 있다. 한 부류는 40대 중반부터 50대들로 인구통계학적으로 'X세대'에 속한다. 또 한 부류는 1980년 이후에 태어난 '밀레니얼 세대'로 20대 후반에서 40대 초반이다.

대부분 자신이 경험한 훈육과 교육 방식을 그대로 자녀들에게 적용한다. 그녀들의 훈육을 줄여 말하면 '공부해라'와 '나쁜 짓 하지 마라'로 정리된다. 자녀들이 초등학생 때는 태권도장이나 피아노 학원 등 각종 예체능교육을 시킨다.

그러나 중학교에 진학하면서 그동안 열심히 배우고 익힌 예체능은 아무 쓸모 없는 것이 되고, 입시교육에 매몰된다. 어머니들은 자녀를 일류 대학에 보내기 위해 학업 성적에 온통 신경 쓴다. 그래서 아이들이 조금이라도 딴짓하면 공부하라고 독촉한다.

하지만 자녀의 적성을 찾는 데는 소홀하다. 아이들은 오직 학업에만 열중할 뿐 자기가 뭘 좋아하고 뭘 잘하는지도 모른다. 일류 대학에 진학하는 것이 목표이지 전공이 목표가 아니다. 부모들은 자신이 이루지 못한 꿈을 자녀들이 성취하게 해서 대리만족을 하려고 한다. 그리하여 부모가 하고 싶었던 전공을 자녀가 선택하는 경우가 많다. 바람직한 자녀 교육은 절대 아니다.

1990년대 중후반부터 2010년 초까지 태어난 Z세대는 어릴 때부터 스마트폰과 인터넷, 휴대용 디지털 기술에 익숙해서 '디지털 원주민'이라고 불린다. 강한 개인주의 성향으로 부모의 말을 듣기보다 자기중심으로 살아가려고 한다.

그런데 또 세대가 바뀌었다. 2011년 이후에 태어난 아이들을 '알파 세대'라고 부른다. 영어 알파벳 세대를 나타내던 시대가 XYZ로 모두 끝나고, 이제 그리스 문자의 첫 번째 알파(alpha, α)로 시작되는 새로운 세대가 등장한 것이다.

이들의 특징은 디지털화된 세상에서 태어났다는 것이다. 특히 어려서부터 스마트폰을 바탕으로 한 모바일 문화의 영향을 직접 경험한 세대다. 이들은 아날로그 매체와의 연결점이 아예 없다고 해도 과언이 아니다.

이들은 이전 세대들이 즐기던 TV 등의 매체를 외면하고 유튜브, 인스타그램, 틱톡, SNS 등을 선호하며 인공지능(AI), 메타버스, 가상현실 등 기계가 인간의 역할을 대체하는 컴퓨터과학 시스템에 익숙하다.

최근에 출간된 미래학자 마크 매크린들 등이 쓴 ≪알파의 시대≫에 따르면 디지털 세계에서 태어나고 자란 '알파 세대'는 2025년이 되면 그 수가 세계적으로 약 22억 명에 이르러 인류역사상 가장 큰 규모의 신인류가 될 것으로 예상하고 있다. 또한 '알파 세대'는 MZ세대의 연장선이 아닌 완전히 다른 인류로 봐야 한다며 오직 디지털만 경험한 신인류라고 한다.

이어서 ≪알파의 시대≫는 '알파 세대'의 특징을 디지털, 소셜미디어(SNS), 글로벌, 이동성, 비주얼, 5가지로 정의하고 있다. 이들은 모든 것을 소셜미디어와 디지털에 의지한다. 디지털 기기를 사용해서 공부하고 전 세계에서 일어나는 일들을 빠르게 습득한다. 이전과는 전혀 다른 방식으로 공부하고 전혀 다른 방식으로 사회와 소통한다.

각 세대의 특성, 특히 알파 세대의 특성을 비교적 상세하게 살펴본 것은 지금의 3040세대의 자녀가 대체로 알파 세대이기 때문이다. 40대 후반이나 50대는 자녀가 고등학생 또는 대학생일 수 있지만, 늦게 결혼했다면 대부분 자녀가 아직 미취학이거나 초중등학생이다.

바로 부모의 교육이 절대적으로 필요한 시기다. 그러나 알파 세대의 특성을 살펴봤듯이 훈육과 교육이 이전과는 전혀 달라야 한다. 알파 세대에게 엄마의 경험에서 우러나오는 교육 방식은 전혀 설득력이 없다. 마치 꼰대 노인이 젊은이에게 훈계하는 것처럼 외면당할 뿐이다. 아날로그 방식의 훈육과 교육은 아무런 효과도 없다. 알파 세대가 완전한 디지털 세대인 만큼 그에 걸맞은 훈육과 교육이 이루어져야 한다. 그럼 어떻게 해야 할까?

Z세대만 하더라도 자기 방에 틀어박혀 있으면 부모들은 열심히 공부하는 줄 알았다. 게임하고 컴퓨터로 다른 것을 하고 있더라도 말이다. 그러나 알파 세대는 다르다. 알파 세대의 교육에서 중점을 둘 것은 스마트폰 이용 시간 및 앱 관리, 디지털 보호, 사이버 폭력, 사회성 결여 등이다.

요즘은 초등학생들도 대부분 스마트폰을 가지고 있고 능숙하게 다룬다. 중학생은 말할 것도 없다. 종일 스마트폰을 손에서 놓지 않는다고 해도 과언이 아니다. 친구들과도 전화보다 짤막한 스마트폰 문자로 소통한다. 우리 6~10세 어린이들의 스마트폰 이용 시간은 평균 1시간 24분이며 점점 늘어나고 있다.

자료에 따르면 캐나다 캘거리대학의 연구팀은 디지털 기기를 이용하는 어린이들이 그렇지 않은 어린이보다 정보 기억 능력, 충동 조절 능력, 수행 기능 능력 등이 20% 이상 낮아서 문제적 행동을 할 가능성이 높다고 경고하고 있다. 그뿐 아니라 스마트폰 이용 시간이 길면 비만과 시력 등에 문제가 있다는 것이다. 또한 어린이들의 인지발달에 중요한 영향을 미친다. 긍정적인 영향일지 부정적인 영향일지는 엄마의 교육에 달려 있다.

WHO(세계보건기구)에서도 어린이들의 스마트폰 이용 시간을 1시간 이내로 제한할 것을 권고하고 있다. 또한 자녀의 스마트폰 관리가 중요하다. 어린이들은 다른 아이들이 스마트폰을 가지고 있으면 부모에게 사달라고 조른다. 부모는 자녀가 친구와 잘 어울릴 수 있도록 대부분의 요구를 들어준다. 어린이는 통신요금도 저렴하기 때문에 부담이 없다.

하지만 어린 자녀가 스마트폰을 가지고 있다면 철저한 관리가 필요하다. 스마트폰을 가족과 공유하거나 엄마 명의로 가입하고 항상 살펴봐야 하며 이용 시간이 하루 2시간이 넘지 않도록 통제해야 한다. 컴퓨터 댓글, 스마트폰으로 친구를 모함하는 악플을 보내지 않는지 사이버 폭력에도 신경을 써야 한다.

그다음 알파 세대의 문제점 가운데 가장 관심을 가져야 할 것이 사회성 감소 또는 결여다. 스마트폰을 비롯한 디지털 기기들은 혼자 이용하기 마련이다. 남들과 대화나 운동, 함께하는 놀이 등이 크게 줄어들 수밖에 없다. 이용 시간이 길수록 더욱 고립된다.

더욱이 코로나 팬데믹으로 말미암아 여러 해 동안 비대면 수업을 했으며 혼자 디지털 기기를 이용하면서 더 한층 비대면에 익숙하다. 부모가 그런 자녀를 앞에 앉혀놓고 마주 보며 이전처럼 훈육한다면 자녀의 입장에서는 뜬금없다고 여겨질 수 있다. 훈육의 성과를 기대하기 어렵다는 말이다.

가족이 함께 여행 또는 나들이하거나 자녀의 친구들을 집으로 초대해서 맛있는 먹거리를 제공하고 서로 대화하고 함께 놀이하도록 유도하는 방식 등으로 사회성을 키워줘야 한다. 또한 학업 성적의 향상을 요구하기보다 자주 대화하면서 자녀의 적성을 찾아줘야 한다. 그리고 일류 대학 진학을 강요하기보다 자기 적성에 맞고 자기가 하고 싶은 일을 할 수 있도록 도와줘야 한다.

시대가 변하고 세대도 빠르게 변화한다.

부모에게 자녀는 새로운 세대다.

부모의 교육 방식도 당연히 자녀의 세대에 맞게 변해야 한다.

꿈을 설계해주는 학원

사람은 누구나 어릴 때 부터 자신의 꿈을 키워간다. 그래서 '꿈을 먹고 산다'라는 말이 있다. 지금의 노인들도 어릴 때 꿈, 장래 희망이 있었다. 그들이 어릴 때는 '대통령이 되겠다', '장군이 되겠다' 등 현실성이 거의 없는 허황된 꿈이 대부분이었다. 하지만 세월이 흐르고 시대가 빠르게 변하면서 어린이, 청소년들의 꿈도 차츰 현실적으로 바뀌고 있다.

부모는 자녀가 초등학교에만 들어가도 "너는 커서 뭐가 되고 싶니?" 하고 물어본다. 일가친척들도 아이를 보면 먼저 귀여워하고 나서 부모와 똑같은 질문을 한다. 솔직히 어린아이로서는 난감하다. 어린아이들이 세상에 대해 무엇을 알고, 수만 가지 직업에 대해 몇 가지나 알겠는가? 대답해봤자 별 의미 없는 막연한 것이다.

2019년 기준으로 우리나라의 직업 수는 약 1만 3천 개이다. 유사한 직업까지 포함하면 1만 7천 개 가까이 된다고 한다. 일본은 우리보다 몇천 개가 더 많고, 미국은 우리의 약 2배인 3만 개가 넘는다. 직업은 매우 유동적이다. 시대의 흐름에 따라 사라지는 직업도 있고 새로 등장하는 직업들도 있다. 따라서 어린이, 청소년들의 장래 희망도 시대 상황에 따라 그때그때 바뀔 수 있다.

예로부터 꿈은 크게 가지라고 했다. 일리 있는 말이다. 예컨대 가고자 하는 목적지가 100km라면 출발할 때부터 100km를 염두에 두고 걷기 때문에 목적지가 10km인 사람의 걷기와는 마음가짐부터 크게 다르다. 그러나 오늘날의 시대 상황은 매우 복잡 다양하고 빠르게 변할 뿐 아니라 미래가 불확실하기에 큰 꿈을 갖기가 어렵다.

시대 상황을 잘 모르고, 직업의 범위나 특성을 제대로 알리 없는 초등학생에게 장래 희망을 묻는 것은 적절하지 못하다. 더구나 그들은 아직 자기 적성도 잘 모르지 않는가? 그렇더라도 부모 입장에서는 자녀에게 장래 희망에 대한 질문을 함으로써 일찍부터 머릿속에 꿈을 그려나가게 하는 것도 당연하다. 더욱이 중고등학생이 되면 반드시 장래 희망이 있어야 한다.

어느 조사에 따르면 초등학생의 약 19%, 중학생의 38.2%, 고등학생의 27.2%가 장래 희망을 물어보면 '없다'고 응답한 것으로 나타났다. 직업이 갈수록 다양해지면서 선택의 어려움도 있겠지만, 초등학생은 예외로 하더라도 중고등학생이 장래 희망이 '없다'고 단정적으로 대답하는 것에는 문제가 있다. 그뿐 아니라 장래 희망이 있더라도 매우 현실적이다. 교사나 공무원이 되기를 희망하는 것은 꿈이라고 말하기 어렵다. 그냥 정년이 보장된 안전한 직업을 선택하는 것뿐이다.

운동선수를 희망하는 것은 일부 스타급 프로 선수들이 고액의 연봉을 받기 때문이다. 가수, 아이돌 그룹을 꿈꾸는 아이들도 많다. 춤과 노래로 해외에서도 선풍적인 인기를 끄는 모습이 얼마나 멋지고 화려한가.

그들이 청소년의 선망의 대상인 것은 어쩌면 당연하다. 하지만 그들의 내막은 잘 모른다. 수많은 젊은이, 특히 청소년들이 기획사에 몰려들어 기약도 없이 무한정 훈련하지만 수년을 기다려도 기회가 좀처럼 오지 않는다. 너무 힘들고 아무런 보장이 없기에 대부분 중도에 포기한다. 그들 가운데 빛을 보는 가수나 그룹은 1~2%에 불과하다. 그야말로 허황한 꿈이다.

많은 청소년이 장래 희망이 '없다'고 하는 것은 사회적으로 불확실한 미래 탓도 있지만 부모에게도 문제가 있다. 부모가 자신이 이루지 못한 장래 희망을 자녀들에게 강요하는 경우가 많다. 또는 자녀의 적성은 전혀 고려하지 않고, 돈 잘 버는 직업, 안정성이 보장된 직업을 강요한다. 아이들은 그것이 싫으니 장래 희망이 '없다'고 대답하는 것이다.

지금의 청소년이 사회에 진출할 시기에는 무엇이 어떻게 변할지 아무도 모른다. 가령 지금 떡 장사가 잘된다고 10년, 20년 뒤에도 떡 장사가 잘된다는 보장이 전혀 없다. 무엇보다 새로운 첨단기술들이 쏟아지고 있는 시대다.

영국의 산업혁명 시대, 속도가 빠른 증기기관차가 등장하면서 당시의 교통수단이었던 마차가 쇠퇴하자 수많은 사람들이 일자리를 잃었다. 방적기계가 등장하면서 방직공들이 일자리를 잃었다. 영국은 산업혁명을 선도했다는 자부심과 자만심으로 자동차산업에 소홀했다. 그 틈을 타서 일본이 자동차산업을 주도하며 영국의 자동차산업이 위기를 맞았다.

그러자 영국의 자동차 사업가들이 당시의 마거릿 대처 수상에게 일본 자동차 수입을 제한해달라고 건의했다. 그때 대처 수상의 답변이 뜻밖이었다.

"일본에서 영국까지 얼마나 멉니까? 지구를 반 바퀴나 돌아오는 일본 자동차와 경쟁에서 뒤처진다면 아예 영국 자동차를 치워버리세요."

사업가들은 아무런 대꾸도 하지 못했다.

"너는 커서 뭐가 되고 싶니?"라는 질문은 부모가 자녀에게 당연히 할 수 있다. 그러나 부모가 답까지 일러줘서는 안 된다.

장래 희망을 질문하기에 앞서 자녀의 적성을 찾는
엄마의 노력이 먼저다. 자녀의 생각이나 행동, 무엇을 좋아하고
무엇을 하고 싶은지, 우리 아이는 어떤 재능이나
자질이 있는지 주의 깊게 살펴봐야 한다.

엄마 나름으로 자녀의 적성을 찾아냈다면, 그와 관련된 작은 것들을 시켜봐야 한다. 가령 그림 그리기를 좋아하고 그림 솜씨가 뛰어나다면 자주 그림을 그려보게 해서 재능이 남다른지 살펴보고, 자녀에게 화가가 되면 어떻겠냐고 물어보고 아이가 변함없이 화가가 되고 싶다고 하면 적극적으로 뒷받침해주어야 한다. 무엇이든 성공하려면 수많은 실패와 고통을 견뎌야 한다는 것도 꾸준히 알려줘야 한다.

따뜻한 남쪽 나라 호주에 사는 어느 교포가 개나리꽃을 보고 싶어서 우리나라에 와서 개나리 묘목을 가져다 정원에 심었다고 한다. 그런데 이파리가 무성해지도록 크게 자랐지만, 도무지 꽃이 피지 않았다. 원인을 알아봤더니 개나리는 혹독한 겨울을 겪어야 꽃이 핀다는 것이었다. 그가 사는 곳은 겨울이 없는 항상 따뜻한 곳이었다.

우리 인생이나 자신이 추구하는 것도 혹독한 겨울 같은 고난과 시련이 있어야 한다. 자녀에게 언제 닥쳐올지 모르는 온갖 고난과 시련을 슬기롭게 극복하는 불굴의 정신을 심어줘야 하는 것도 부모의 몫이다. 그것이 학업 성적보다 훨씬 더 중요한 일이다.

당신 아이의 인성 점수는
몇 등급인가?

각양각색의 자녀 교육 지침서들이 수없이 많다. 얼핏 목차만 훑어봐도 도움될 만한 올바른 지침들이다. 그러나 시대와 세대의 변화에 따라 요즘 어린이들에게는 설득력 없는 것들도 많다. 또한 자녀 교육 5계명, 10계명 등으로 요령 있게 정리한 지침서들도 많다.

자녀 교육을 몇 가지 지침으로 정리하는 것은 불가능하다. 자녀들에게 가르쳐야 할 것이 너무 많고 환경과 자녀의 태도에 따라 반드시 모든 어린이에게 똑같이 적용되는 것은 아니기 때문이다. 그렇더라도 모든 어린이의 가정교육에 꼭 필요한 몇 가지 지침을 살펴보려고 한다.

첫째, 자녀의 정체성과 자립성을 키워주라는 것이다. 앞에서도 설명했지만 우리 부모들은 하나 또는 둘밖에 없는 더없이 소중한 자녀를 과잉보호한다. 그 심정은 이해하지만 자녀는 부모의 분신도 아니며 종속물도 아니다. 엄연한 하나의 독립된 개체이다.

자녀의 모든 생각과 행동을 통제하며 과잉보호하면 그 아이가 커서도 엄마에게 모든 것을 의지하는 캥거루족, 헬리콥터족이 되고 만다. 스스로 판단하는 능력이 크게 모자라는 것이다. 또한 성인이 되어서도 혼자 살아가기 어렵다. 자기에게 닥친 갖가지 어려움을 스스로 극복하지 못한다. 따라서 부모는 과잉보호보다 아이의 정체성을 길러주고 독립성과 자립성 등을 키워주는 것이 과잉보호보다 자녀를 더욱 소중하게 여기는 것이다.

둘째, 공부보다 '바름'을 가르쳐라. 바름은 '올바름'을 말하는 것이다. 국내의 어느 저명한 목사는 자녀들에게 바른 마음, 바른 생각, 바른 행동, 바른 길, 바른 몸가짐 등을 중점적으로 가르쳤다. 즉, 인성(人性) 교육에 중점을 두었다.

셋째, 자신의 일은 스스로 하는 습관을 길러줘라. 우리의 부모들은 자녀가 초등학생일 때는 공부를 대신 해주는 경우가 많다. 이를테면 숙제를 대신 해주거나 복습과 자습을 돕고, 과제물까지 챙겨준다. 숙제가 어렵더라도 혼자서 해야 한다. 그래야 책임감을 가지고 능동적으로 자신의 계획을 세울 수 있다. 부모는 자녀의 공부에 무관심한 것이 아니라 지켜보고 있어야 한다. 그렇지 않으면 공부보다 스마트폰이나 게임 등에 열중한다. 중학생이 되면 부모가 모든 과목을 가르치고 대신 해주기 어렵다.

다만 부모가 알아둬야 할 것들이 있다. 어린이가 공부에 집중하는 시간은 한계가 있다. 너무 오랜 시간 책상 앞에 앉혀놓으면 산만해져서 공부에 집중하지 못할 뿐 아니라, 자꾸 딴짓하고 건강에도 해롭다. 또한 우리나라는 입시 위주와 암기교육이 문제점으로 지적되고 있다. 외우는 공부가 아니라 이해하는 공부를 하도록 지도해야 한다. 거듭 강조하지만 어린이가 능동적으로 공부하면서 '왜?'라는 질문을 많이 하게 하라.

넷째, 사회성을 가르쳐야 한다. 우리는 많은 사람들이 서로 어울리며 더불어 살아간다는 것을 인식해야 한다. 학교 친구들과 사이좋게 지내려면 다른 사람을 먼저 배려하고 도움을 줄 수 있어야 하며 친구들이 자신을 좋아하는 것에 감사할 줄 알아야 한다. 그것이 곧 인성 교육이다.

다섯째, 부모가 자녀에게 본보기가 돼야 한다. 사자나 호랑이 같은 맹수들도 새끼를 낳으면 살아가는 데 필요한 모든 것들을 가르친다. 싸우는 법, 사냥하는 방법을 가르치고 훈련도 시킨다. 그리하여 새끼가 어느 정도 성장해서 혼자 살아갈 수 있게 되면 어미 곁을 떠난다.

·

아이들은 부모가 생각하고 행동하는 모습을 보며 성장한다. 은연중에 부모를 본보기로 배우고 익히는 것이다. 당연히 부모의 생각과 행동이 옳고 반듯해야 한다. 가정이 화목하고 사랑으로 가득 차야 한다. 그러면 자녀들도 그런 모습을 본받아 올바른 성품과 인성을 가진다.

그러고 나서, 그다음에는
무엇을 할 것인가?

캥거루족이란 나이가 들어서도 경제적으로 자립하지 못해 부모의 곁을 떠나지 못하고 의지하는 사람을 가리키는 말이다. 대개 30~40대의 미혼자들이다. 2021년 한국보건사회연구원의 조사에 따르면 30대 미혼 남녀의 49.7%, 40대 미혼 남녀의 48.8%가 캥거루족이라고 한다. 거의 절반에 가까운 숫자이다.

물론 그럴 수밖에 없는 사회 현실을 무시할 수 없다. 젊은 이들이 취업하기가 너무 힘들어 자립하기가 어렵다. 수십 군데에 이력서, 자기소개서를 넣어도 아무 연락이 없고, 각종 자격증을 7~8개씩 취득해도 오라는 회사가 없으니 체념하고 부모에게 의지할 수밖에 없다. 그뿐 아니라 자발적으로 결혼하지 않겠다는 비혼주의자들도 늘어나고 있고, 만혼이 일반적인 추세이다.

아예 취업을 포기하거나 일할 의사가 없는 '은둔형 외톨이'도 있고, 이른바 '니트족(NEET)'들도 적지 않다. 'Not in Education, Employment or Training'의 머리글자이다. 무엇을 배우려고 하지도 않고, 취업을 위한 노력이나 직업훈련도 받지 않고, 그냥 부모에게 기생하는 젊은 세대를 뜻하는 말이다. 부모를 빨아먹는다고 해서 '빨대족'이라고도 한다.

캥거루족이 30~40대라면 부모는 적어도 60대가 넘는다. 은퇴하고 여생을 즐길 나이이다. 힘겹게 저축한 돈이나 퇴직금을 가지고 여유 있게 노후를 즐길 나이에 여전히 자녀를 양육해야 하는 현실이다.

캥거루족의 부모는 지금보다 훨씬 더 열악한 환경에서 궂은 것, 험한 것을 가리지 않고 일했다. 오직 자녀들을 위해 하고 싶은 것도 해보지 못하고 일해서 키우고 공부시켰다. 이제 조금 여유 있게 여생을 보내고 싶은데, 마흔 살이 넘은 자식이 여전히 매달려 있다. 다행히 결혼했더라도 요즘은 맞벌이 부부가 대세다. 그래서 자녀를 낳으면 부모에게 맡긴다. 부모들은 손주를 돌보느라 꼼짝도 하지 못한다.

캥거루족은 자신의 처지를 그다지 고민하지 않는다. 늙은 부모에게 용돈을 받아서 생활하며 심할 경우 PC방에 틀어박혀 온종일 게임한다. 그렇지 않으면 연예인, 정치인 등에 쏠

데없는 관심을 쏟고 악플을 다는 것이 일과다. 관심을 끌고 싶어서 가짜 뉴스 따위나 만들어 퍼뜨리려고 한다. 더없이 비생산적이고 아무런 가치도 없는 일이다.

30~40대에도 여전히 아기 주머니에 들어 있는 캥거루족을 윽박지르고 질책하는 것은 바람직하지 못하다. 그랬다가는 재산을 빨리 상속하라, 사업하게 퇴직금을 달라고 오히려 부모를 겁박한다. 부모의 퇴직금으로 사업을 벌여 성공한 사람을 보지 못했다. 왜냐하면 내가 땀 흘려 번 돈이 아니므로 헤프게 쓰기 때문이다.

서구 선진국의 자녀들은 18세 성인이 되면 당연히 자립한다. 부모 집에 살더라도 노동을 시킨다. 재벌의 아들도 마찬가지다. 스스로 땀 흘려 돈을 벌어봐야 돈의 가치를 알게 된다. 용돈도 거저 주는 것이 아니라 빌려준다. 벌어서 갚으라는 것이다. 자녀들도 의례적으로 성인이 되면 부모 곁을 떠나 독립한다.

자녀를 윽박지르지 말고 마주 앉아 동등한 입장에서 진지하게 대화하고 호소해보라. 앞으로 평생을 어떻게 살 것인지 물어보라. 평생 지금처럼 살 것인지 물어보라. 아무래도 부모가 자식보다 먼저 죽는다. 부모가 죽으면 그다음에 어떡할 것인지 물어보라.

프랑스 파리에 있는 어느 수도원 입구에는 커다란 돌비석이 서 있는데 '아프레 슬라(Apres cela)'라는 글씨가 세 번이나 연이어 쓰여 있다고 한다. '아프레 슬라'는 '그다음은'이라는 뜻이다. '그다음은? 그다음은? 그다음은?' 이렇게 세 번 적혀 있는 것이다.

대학을 졸업하면 그다음은? 취업하면 그다음은? 결혼하면 그다음은? 캥거루족이 평생 지금처럼 살지는 않을 것이라고 하면 그다음은? 계속해서 물어보라. 부모가 죽고 나면 그다음은? 캥거루족의 말문이 막힐 것이다. 그다음의 마지막은 죽음이다. 그다음이 없다면 죽은 것이나 다름없다.

그다음을 말하지 못하는 캥거루족이
죽을 때까지 지금처럼 살기를 원하지는 않을 것이다.
그렇다면 충무공 이순신이 남긴 명언 '사즉생 생즉사(死卽生 生卽死)',
즉 죽고자 하면 살고, 살고자 하면 죽는다는 말을 상기시켜 보라.

꼭 자기가 다니고 싶은 직장에 가려고 하는 것은 배부른 소리다. 캥거루족이 찬밥, 더운밥을 가릴 수 있겠는가? 일자리가 없는 것 같아도 의외로 많다. 일할 사람이 없어서 곤란을 겪고 있는 곳도 많다.

캥거루족에게 물불을 가리지 말고 무슨 일이든 해보라고 하라. 죽을 각오로 일하면 살아갈 길이 열린다. 자신이 땀 흘려 일할 때 노동, 즉 일하는 가치와 보람을 알게 된다. 내 능력으로 돈을 벌 때, 큰 보람을 느끼고 더욱더 열심히 일하고자 한다. 그리고 그다음은?

한결 더 희망찬 포부를 말하게 된다. 그것이 자신의 꿈이 된다. 꿈이 없는 사람은 자기 삶을 포기한 것이나 다름없다.

제멋대로 키운 아이가
더 크게 성공한다

지난날에는 부모의 자녀 교육이 매우 엄격했다. 잘 알려졌듯이 조선시대 명필 한석봉이 절에 들어가 오랫동안 글씨 공부를 하고 어머니가 보고 싶어 먼 곳에 있는 집에 왔다. 어머니는 떡 장사를 하고 있었다. 한밤중이었는데 어머니는 떡판을 꺼냈다. 그리고 불을 끈 뒤, 어둠 속에서 어머니는 떡을 썰고 석봉은 글씨를 썼다.

이윽고 불을 켰더니 어머니가 썬 떡은 크기가 고르고 가지런한데 석봉의 글씨는 크기도 다르고 이리저리 비뚤어져 있었다. 어머니는 그 먼 곳에서 찾아온 아들을 아직 글씨 공부가 부족하다며 한밤중인데도 당장 돌려보냈다. 그토록 정(情)에 치우치지 않고 자녀 교육에 엄격했다. '맹모삼천지교(孟母三遷之敎)'도 어머니가 맹자의 교육 환경을 위해 세 차례나 이

사했다는 이야기에서 유래했다.

요즘 부모가 옛날식으로 엄격한 교육을 했다가는 자녀들이 오히려 빗나가고 자칫하면 어린이 학대가 된다. 하지만 부모들은 예전보다 자녀 교육에 더 열심인지 모른다. 한둘밖에 없는 소중한 자녀를 과잉보호하며 각종 학원에 보내고, 공부를 쉴 새 없이 독촉한다.

옛날처럼 엄격하지는 않아도 빈틈없이 통제하고 관리한다. 자녀에게 바라는 요구 사항들도 한없이 많다. 자녀들은 학교에 들어가면서부터 엄마의 관리 감독 아래 너무나 힘겨운 날들을 보내야 한다. 그리하여 자신의 정체성을 잃고 엄마의 노예나 다름없는 처지가 된다.

제멋대로 키운 아이가 더 성공한다는 것은
자녀를 방치하거나 방임하면서 돌보지 않아도 된다는 얘기가 아니다.
항상 자녀를 지켜보며 지나친 잔소리나 강요를 삼가고
좀 넓은 범위에서 관리하라는 것이다.

바꿔 말하면 지나친 통제보다 자녀의 자율성을 최대한 보장해주라는 것이다.

이를테면 아이가 너무 오랜 시간 놀이에 빠져 있으면 "이제 공부도 좀 해야지" 하고 타이르고, 너무 공부에 집중하고

있으면 "좀 쉬어가면서 해", "공부 빨리 끝내고 쉬어라"라고
하는 등 관리는 하되, 아이의 자율성을 보장해주라는 것이다.
아이가 자유롭게 자율적으로 자기가 좋아하는 것을 해보려
고 할 때, 아이의 적성이나 재능을 찾아내고 그것을 뒷받침해
주는 것이 중요하다.

비행기를 발명한 라이트(Wright) 형제가 "사람이 새처럼 하
늘을 자유롭게 날 수는 없을까?" 하는 엉뚱한 생각을 하며,
하늘을 나는 독수리가 어떻게 날갯짓을 하며 어떻게 균형을
잡고 방향을 바꾸는지를 하염없이 바라보는 것을 어머니가
꾸중하며 공부하라고 다그쳤다면 과연 그들이 비행기를 발
명할 수 있었을까? 그들은 공부를 안 하고 딴짓하느라 학업
성적이 형편없어 초등학생 때 퇴학을 당하기도 했다.

아일랜드 출신의 자동차왕 헨리 포드는 미국으로 이민 와
서 가난 때문에 공부도 제대로 하지 못했다. 다만 기계 만지
는 것을 좋아해서 어떻게 작동하는지 살펴보는 데 몰두했다.
열두 살 때 아버지가 조그만 회중시계를 사줬는데 곧바로 시
계를 분해하고 작동 구조를 분석하느라 정신이 없었다. 아버
지는 크게 화를 내며 공부하라고 다그쳤지만 어머니가 그를
감싸줬다.

그는 어느 농장에서 우연히 기계로 움직이는 경운기 비슷
한 일종의 자동차를 발견했다. 엔진과 보일러가 있었고, 석탄

으로 물탱크의 물을 끓여 엔진을 작동하는 증기기관차를 흉내 낸 구조였다. 헨리 포드는 그것을 보고 영감이 떠올랐다. 마차가 교통수단이던 그 당시 말이 끌지 않고 기계가 끄는 자동차, 사람을 태우고 운송하는 수레를 만들고 싶었다.

그가 어릴 때 어머니가 갑자기 돌아가셨다. 멀리 떨어져 있던 헨리 포드는 속도가 너무 느린 마차를 타고 달려오느라 항상 자신을 감싸주던 어머니의 임종을 지키지 못했다. 그런 안타까움으로 더욱 말이 끌지 않는 수레를 발명하겠다고 다짐했다. 그리하여 불과 15세에 발명왕 토머스 에디슨의 전기회사에 견습공으로 들어가 기계를 배웠다. 아버지의 질책을 어머니가 감싸주고 재능을 인정하지 않았다면 헨리 포드는 과연 자동차왕이 될 수 있었을까?

인류역사상 가장 뛰어난 물리학자였던 아인슈타인은 세 살이 되도록 말 한마디 하지 못했다. 초등학교에 들어가서도 어눌하고 자폐 증세로 다른 학생들에게 따돌림을 당했다. 공부도 잘하지 못해 담임교사가 학적부에 "이 아이는 앞으로 어떤 일을 해도 성공할 가능성이 없어 보인다"라고 기록했다.

그러나 아인슈타인의 어머니는 학적부 기록을 받아보고 아이를 꾸짖고 나무란 것이 아니라 "너는 다른 아이들이 갖지 못한 장점이 있을 거야. 이 세상에서 너만 할 수 있는 일이 너를 기다리고 있어. 그 길을 찾기만 하면 된다"고 하며 오히려 아인슈타인을 격려했다. 또한 어머니는 아인슈타인이 음악에 재능이 있는 것을 알아내고 피아노, 바이올린 등 악기를 배우게 했다. 아인슈타인은 신이 나서 악기를 배우기 시작했지만 1년 만에 그만두었다. 하지만 어머니는 더 이상 강요하지 않았다.

그는 공부를 잘하지 못해 고등학교 졸업장도 없었다. 당연히 대학에 진학할 수 없었다. 몇 차례 대학에 지원했지만 역시 고등학교 졸업장도 없는 그를 받아줄 대학이 없었다. 그런데 스위스의 취리히 연방공과대학 학장이 아인슈타인의 수학 성적이 뛰어난 것을 발견하고 고등학교 과정을 1년 동안 공부한다는 조건으로 입학을 허가했다. 큰 행운이었다.

더욱이 유대인인 아인슈타인에게 좋은 기회가 찾아왔다. 유대인 대학생들이 생활비를 벌 수 있도록 유대인 각 가정을 방문하고 상담하는 아르바이트가 있었다. 아인슈타인에게도 막스라는 의과대 학생이 정기적으로 방문했다. 막스는 아인슈타인이 과학에 관심이 많고 자질이 뛰어난 것을 발견하고, 20권이 넘는 자연과학 시리즈를 선물했다. 이것이 아인슈타인이 물리학에 몰두할 수 있는 계기가 됐다.

아인슈타인은 세계적인 물리학자로 성공하고 노벨 물리학상을 수상하자 이렇게 말했다. "나에게 특별한 재능은 없다. 나는 오직 열정적으로 호기심이 많을 뿐이다."

아이가 아무런 구속도 받지 않고 자유롭게

자신이 하고 싶은 것, 자신이 잘할 수 있는 것들에

호기심을 가지고 자율적으로 추구할 때

기대 이상의 성과를 얻을 수 있다.

　부모는 공부만 독촉할 것이 아니라 자기가 좋아하는 것들에 호기심을 보일 때 적극적으로 도움을 주고 격려해야 한다. 그렇게 제멋대로 성장한 아이가 학업 성적에만 매달린 아이들보다 성공할 가능성이 더 크다.

행복과 불행의 차이는
불과 1%

프랑스의 영웅 나폴레옹은 죽음에 이르러서 "내 평생 행복했던 날은 단 6일에 불과하다"라고 했다. 미국의 시청각장애자였던 헬렌 켈러는 "나는 살아오는 동안 행복하지 않았던 날이 하루도 없었다"라고 했다.

자신이 원하는 것은 무엇이든 가질 수 있었던 황제 나폴레옹은 평생에 행복했던 날이 겨우 엿새밖에 없었고, 볼 수도 없고 들을 수도 없었으니 뭔가를 가질 수도 없었던 헬렌 켈러는 모든 날이 행복했다고 한다. 이처럼 사람마다 행복의 기준이 어디에 있는가에 따라 삶의 만족도가 달라진다.

행복을 추구하는 것은 모든 인간의 공통된 삶의 지향점이다. 행복하기 위해 일하고, 사랑하고, 재산을 모으고, 명예를 얻으려고 노력하고, 인간관계를 맺고, 행복이라는 목표를 향해 달려가는 것이 우리의 삶이다. 그럼에도 많은 사람들이 행복을 막연하고 거창하게 생각하는 경향이 있다.

인생 목표로 하는 행복이 아무런 구체성도 없이 막연하면 자신이 무엇을 향해 어디로 가고 있는지 모른 채 되는 대로 살아간다. 그런 사람은 항상 현실에 불만을 가지므로 자신이 바라는 행복을 성취할 수 없다.

큰 물탱크에 물을 채우려 할 때 정유사의 오일 탱크처럼 어마어마하게 크면 가득 채우기 어렵다. 물그릇이 적절해야 쉽게 채울 수 있다.

행복은 막연한 것도, 멀리 떨어진 것도, 뜬구름도 아니다. 바로 내가 지금 살고 있는 삶이 행복일 수 있다. 행복은 내 곁에 있다.

우리의 삶은 행복과 불행의 연속이다. 행복과 불행을 저울로 측정했을 때, 수평을 이루면 무난한 삶이다. 자기 삶에서 행복과 불행이 50 대 50이라면 긍정적으로 판단할 수 있다.

그것은 컵에 든 물과 같다. 컵에 물이 절반 정도 채워져 있을 때, 부정적인 마인드를 가진 사람은 물이 반밖에 없다고 하고, 긍정적인 마인드를 가진 사람은 물이 반이나 있다고 말한다. '~밖에'와 '~이나'의 차이는 엄청나다.

행복과 불행을 양쪽에 놓고 저울질했을 때

PART 4 : HERITAGE 더 나은 것들을 대물림하라

행복이 51%면 행복 쪽으로 기울고,

불행이 51%면 불행 쪽으로 기운다.

행복과 불행의 차이는 불과 1%도 안 된다는 말이다.

자기 삶에서 행복이 불행보다 0.1%만 많아도 저울이 행복 쪽으로 기운다. 결과적으로 자기 삶이 행복한 것이다.

러시아의 대문호 톨스토이는 "당신에게 가장 소중한 사람은 바로 당신과 함께 있는 사람이다. 당신에게 가장 중요한 일은 지금 당신이 하는 일이다. 당신에게 가장 값진 시간은 지금 이 순간이다"라고 말했다.

욕심을 조금만 줄여도 얼마든지 행복할 수 있다. 욕심은 또 다른 욕심을 부르기 때문에 욕심이 있으면 영원히 행복할 수 없다. 지금 자신이 맞이하고 있는 순간순간들에 만족하고 최선을 다하면 행복한 것이다.

애니메이션 〈라이언 킹〉에 '하쿠나 마타타(Hakuna matata)'라는 말이 나온다. 아프리카의 스와힐리어로 '문제없다' 또는 '근심 걱정 모두 떨쳐버려라'라는 뜻이다. 아침에 집을 나설 때 '하쿠나 마타타'를 외쳐라.

'아브라카다브라(Abracadabra)'도 있다. 고대 히브리어로 '말한 대로 이루어지리라'라는 뜻이다. 억만장자 빌 게이츠가 마이크로소프트에서 일할 때 아침마다 "오늘은 왠지 좋은 일이 생길 것 같아. 난 할 수 있어. 아브라카다브라!" 하고 외쳤다고 한다.

고(故) 정주영 현대그룹 회장도 잠자리에 들어 다음 날 해야 할 일들을 상상하면 너무 가슴이 설레어 마치 내일은 소풍 가는 날처럼 느껴졌다고 한다. 행복은 막연하고 뜬구름을 잡는 것이 아니라, 자신의 마음속에 있다.

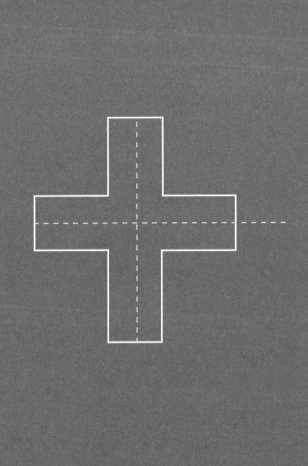

PART 5

LEARNING

러닝휴먼이
머신러닝을 이긴다

리즈 시절은
두 번 다시 오지 않는다

자신이 한창 잘나갈 때
는 세상에 겁나는 것이 없다. 지금 돈을 잘 벌고 있으면 영원
히 잘 벌 수 있을 것 같고, 지금 자기가 유명하면 영원히 유명
인으로서 인기를 누릴 수 있을 것 같다.

엉뚱하게 빗나가지 않고 정상적으로 자신의 특기를 발휘
하며 살아온 사람들에게는 '전성기'라는 것이 있다. 스포츠
선수들은 전성기에 가장 뛰어난 기량을 발휘하고, 연기자나
가수는 전성기에 각광받으며 인기 스타가 되어 많은 팬들에
게 사랑받는다.

보통 사람, 평범한 사람도 전성기는 있다. 보편적으로
40~50대가 자기 인생의 전성기다. 우선 가정이 안정돼 있다.
부부와 자녀들이 안정된 생활 패턴을 유지하고 있다. 직업도

안정적이다. 직장 생활을 하고 있다면 근무연수가 늘어나 안정된 위치에 있으며 사업을 하더라도 자리가 잡혀 있다. 따라서 무엇에 도전하기보다 현실에 충실한 세대이다.

개인에 따라 자신이 추구하는 인생의 목적이 있을 것이다. 하지만 인생의 목적을 한마디로 줄이자면 '행복 추구'라고 할 수 있다. 안정된 생활을 이어가는 4050세대라면 어느 정도 행복을 성취했을 것이다.

> 인간의 욕망에는 끝이 없다. 1억 원을 갖고 있다면
> 2억 원을 갖고 싶고, 3억, 5억, 10억 원을 가질수록
> 더 갖고 싶은 욕망에 사로잡히는 것이 인간이다.

욕망이란 자신에게 무엇인가 부족하거나 만족스럽지 못할 때 생겨나는 감정이다. 미국의 철학자 윌리엄 어빈(William B. Irvine)은 ≪욕망의 발견≫에서 인간의 욕망을 '도구적 욕망(Instrumental Desire)'과 '종국적 욕망(Terminal Desire)'으로 나누었다.

배가 고플 때, 무엇을 먹을까? 한식, 중식, 양식 가운데 어느 음식점을 갈까 하는 것과 자신이 원하는 음식점을 찾아가는 것이 '도구적 욕망'이다. 그리하여 식사하고 나면 배고픔이 사라진다. 배고픔이 '종국적 욕망'이다. 종국적 욕망을 성

취하기 위해 자신이 원하는 것을 선택하고 실행하는 과정이 '도구적 욕망'이라고 할 수 있다.

고등학생들은 일류 대학에 진학하기 위해 열심히 공부한다. 일류 대학 진학이 인생의 목표는 아니다. 마침내 행복하기 위해 일류 대학을 가고 싶은 것이다. 일류 대학 진학은 도구적 욕망이고, 종국적 욕망은 행복 추구다.

4050세대들이 안정된 가정과 일 그리고 웬만큼 원하던 것들을 가졌다면 종국적 욕망까지 성취했다고 할 수 있다. 그러면 이제 욕망이 완전히 사라진 것인가? 아니다. 종국적 욕망을 성취한 사람들 대부분이 또 다른 욕망을 갖게 된다. 역시 대부분 쾌락을 추구하는 것이다. 종국적 욕망을 이루고 나니 이제 즐겁게 살자는 욕구가 생기고 그것이 쾌락의 추구로 나타나는 것이다.

4050세대가 통제해야 할 것은 욕망뿐만이 아니다. '3만'을 삼가야 한다. '3만'이란 '자만, 방만, 교만'을 말한다. 웬만큼 돈과 명예와 지위를 갖게 되면 자만에 빠진다. 자신이 크게 성공한 사람이라는 자만심으로 다른 사람들을 얕잡아본다. 또한 방만으로 무절제한 생활을 하다가 삽시간에 가진 것들을 모두 잃는다. 더욱이 그들은 자만심으로 자기도 모르게 교만해진다.

마치 세상 모든 것을 다 가진 것처럼, 자신에게는 안 되는 일이 없는 것처럼, 마치 인생에 통달한 사람인 것처럼 으스대고 거들먹거리고, 다른 사람들은 모두 자기 아랫사람처럼 얕잡아보며 훈계하고 명령하고 지시한다. 성공한 사람의 주변에는 많은 사람들이 몰려든다. 그러나 교만하면 이용 가치가 없을 때 모두 사라진다. 성공한 사람도 어려움에 닥치거나 위기를 맞을 때가 있다. 하지만 그가 교만했다면 아무도 그를 도와주지 않고 외면한다. 흔한 말이지만 '벼는 익을수록 고개를 숙인다'고 하지 않던가. 남들보다 많이 가질수록 겸손해야 한다.

따라서 '있을 때 잘해!'라는 말이 나온다. 쾌락의 추구를 스스로 통제하고, 계획성 있게 미래의 대책, 노후 대책 등을 세워나가야 한다. 그러고도 여유가 있다면 남을 돕고 베풀어라. 그것은 결코 낭비가 아니다. 자신에게 더 큰 보상을 가져다줄 것이다.

자기감정(感情)을 감정(鑑定)하라

우리 인간에게는 이성과 감정이 있다. 이성은 생각하는 것이고 감정은 느끼는 것이다. 감정(感情)은 어떤 일이나 현상, 사물에 대해 느끼는 기분을 말한다. 보고 듣고 만지고 냄새 맡고 맛보는 것을 오감(五感)이라고 하듯이, 외부의 자극을 받아 그에 반응하는 것이 감정이다. 어찌 보면 우리가 살아가면서 느끼는 모든 것들이 감정이다.

감정의 표현은 매우 다양할 수밖에 없다. 인터넷의 어느 자료를 보니 영어에는 감정을 표현하는 단어가 2,600여 종 있다고 한다. 우리말에도 434종의 감정을 표현하는 어휘가 있다. 그런데 안타까운 것은 감정을 표현하는 말 가운데 '아름답다', '예쁘다'와 같은 긍정적인 표현은 28%에 불과하고,

부정적이고 불쾌함을 나타내는 표현이 약 72%라고 한다.

우리가 살아가면서 좋은 감정, 기쁜 감정을 갖기보다 나쁜 감정, 불쾌한 감정을 가질 때가 훨씬 더 많은 것이 사실이다. 더욱이 현대사회는 갈수록 복잡 다양해지고, 세계가 한 울타리 안에 있는 글로벌 시대에는 전 세계에서 일어나는 일들을 거의 실시간 보고 듣는다. 뉴스의 특성상 대부분 충격적이고 불쾌한 감정을 갖게 하는 것들이다. 온정적인 미담은 어쩌다 눈에 띄는 것이 고작이다.

나쁜 감정, 불쾌한 감정을 갖게 되면 짜증 나고 화가 난다. 이런 감정이 쌓이면서 스트레스가 되고, 스스로 스트레스를 통제하지 못해, '욱'하고 홧김에 엉뚱한 행동을 한다. 요즘 세상을 태평성대라고 말하는 사람은 매우 드물 것이다. 대부분 화나고 짜증 나는 일들이다.

그 때문에 사람들이 갈수록 각박하고 야박하고 거칠어지고 있다. 특히 우리는 '빨리빨리' 습성을 가지고 있어 이성적으로 판단하기보다 감정이 앞선다. 항상 급하고 조금만 자극받아도 욱하고 화가 치밀어 고함을 지르고 주먹을 휘두른다. 공연한 자기 화풀이도 많다. 갈수록 거칠고 살벌한 사회가 되는 것이다.

우리는 수많은 사람과 더불어 살아간다.

자신에게 밀려드는 숱한 자극들에 어떻게 반응하는가에

따라 자신의 인성과 성격 등에 큰 영향을 미친다.

자신의 감정을 수시로 감정(鑑定)할 필요가 있다.

나는 나의 관리자다.

자신을 관리할 사람은 자신밖에 없다.

성격이 너무 급해서 생각보다 행동이 앞서는 것은 아닌지, 사소한 불쾌감에도 욱하거나 벌컥 화를 내는지, 나는 왜 참을성이 부족한지, 욱하는 성질 때문에 엉뚱한 행동을 저질러 일을 그르치지는 않았는지, 차분하게 감정해본다.

흔한 예로 아파트 층간 소음 문제를 지적할 수 있다. 위층의 소음이 불쾌하다면 위층을 찾아가 고충을 하소연하고 소음을 줄여달라고 부탁하는 것이 상식이다. 그런데 위층으로 올라가 현관문을 거칠게 두들기고 고함친다면 상대방도 불쾌하다.

위층 사람도 아래층 사람이 소음 때문에 힘들다고 하면, 사과하고 소음을 줄이는 노력을 하면 되는데, 다짜고짜 화를 내며 큰소리친다. "아이들이 시끄러울 수도 있는 거지, 당신은 아이를 안 키워봤어? 시끄러우면 다른 데로 이사 가!"라고 맞선다면 큰 싸움이 될 수밖에 없다.

현대인들의 빗나간 감정, 옳지 못한 감정은 정신 질환으로 이어진다. 인격장애, 충동장애, 감정조절장애 등의 외적인 정신 질환과 우울증, 조울증, 공황장애 등의 내적인 정신 질환을 갖게 되는 것이다.

미국 예일 대학교의 마크 브래킷(Marc Brackett) 교수는 《감정의 발견》에서 현대인의 정신 건강 상태는 매우 심각한 수준이라고 지적하고 있다. 극심한 우울과 갖가지 정신적 고통을 호소하는 사람들이 늘어나고, 불안장애, 분노조절장애 같은 단어들이 일상적으로 쓰인다는 것이다. 또한 공감 능력의 부재로 사회적 약자에게 폭력을 행사하는 행위가 세계적인 문제가 되고 있다고 한다.

쳐다봤다는 이유로 폭행하고, 복잡한 길거리에서 어깨가 부딪쳤다고 폭행하고, 식당에서 종업원이 불친절하다고 난동을 부리고, 연인이 헤어지자고 했다고 폭행하거나 살해하고, 서로 감정이 좋지 않다고 상대방의 집에 불을 지르는 어처구니없는 행태가 모두 감정조절장애, 충동장애다. 특히 술을 마시면 더욱 본성이 드러난다. 술 마시며 친구와 말다툼하다가 흉기를 휘두르는 것도 마찬가지다.

한마디로 공감 능력 부족이다. 아무리 세상이 각박하고 살벌하고 저마다 이기적이라고 하지만, 상대방의 입장을 완전히 배제하고 잠재된 격한 감정을 표출하며 빗나간 행동을 저지르는 사람들이 많다. 화풀이, 분풀이, 앙갚음도 마찬가지다. 솔직한 감정의 표현은 괜찮지만 감정의 표출은 삼가야 한다.

감정을 즉각적, 즉흥적으로 표출하는 것도 상대방을 배려하지 않는 공감 부족에서 오는 것이며 감정조절장애다. 이러한 정신 질환이 사회를 더욱 살벌하게 만들고 극단적인 충돌을 빚는다.

마크 브래킷 교수는 감정은 인간의 자연스러운 본성이지만, 있는 그대로 받아들이고 이해하고 조절해야 하는 대상이라고 했다. 요즘처럼 각박하고 살벌한 세상에서 객관적인 이성의 힘으로 주관적인 감정을 억누르고 통제하기는 힘들지 모른다. 무엇보다 참을성이 필요하다. 참고 인내하는 능력이 없으면 자신에게 닥치는 고난과 시련도 극복하지 못한다.

마크 브래킷 교수의 지적처럼 다른 사람을 이해하고 배려하는 공감 능력을 지녀야 한다. 자기 감정을 스스로 감정(鑑定)하고 문제가 있다면 바로잡는 것이 자기관리다. 자신의 감정만 잘 조절해도 자기 인생의 절반은 성공한 것이다.

행동하면서
기다리는 것이 준비다

.

우리는 참으로 안타까운 시대에 살고 있다. 이기주의와 치열한 경쟁으로 더없이 험한 세상이다. 예전에는 '하늘이 무너져도 솟아날 구멍이 있다'고 했다. 비록 가난하게 살았지만 남을 생각하는 따뜻한 정이 있었다. 그러나 오늘날에 하늘이 무너지면 솟아날 구멍이 없다.

저마다 자기 자신을 챙기기에 정신없다. 남을 생각하고 배려할 겨를이 없다. 자기가 자신을 보호하지 않으면 내가 쓰러졌을 때 아무도 부축해주지 않는다. 하던 일에 실패하면 다시 일어서기 어렵다. 아무리 의술이 발달해도 한번 건강을 잃으면 다시 회복하기 어렵다. 따라서 현대를 살아가는 우리에게는 2가지가 꼭 필요하다. 하나는 '자기보호'이며 또 하나는 미래를 향한 '철저한 준비'다.

자기보호는 오직 자기만 아는 이기적인 것이 아니다. 조물주는 세상을 공평하게 창조했다. 동물들에게는 저마다 방어무기가 있다. 날카로운 뿔과 이빨, 독, 가시, 빨리 달리기 등이다. 하지만 조물주는 2가지를 한꺼번에 주지 않았다. 뿔이 있는 동물은 이빨이 여리고, 이빨이 강한 사자나 호랑이는 뿔이 없다. 치타가 무척 빠르게 달리지만 먹잇감이 되는 노루도 빠르다. 치타가 속도를 더욱 빠르게 진화하면 노루도 더 빠르게 진화한다. 약육강식의 동물 세계는 그렇게 균형을 유지해나간다.

세상도 알고 보면 무척 공평하다. 거액의 복권 당첨자들이 대부분 빈털터리가 되듯이, 일확천금을 손쉽게 횡재하면 쉽게 탕진하게 마련이다. 무리하게 욕심내거나 한몫을 노리고 투기하면 결과적으로 실패할 확률이 높다. 사기를 당할 수도 있고 욕심에 눈이 멀어 불법, 탈법 행위를 자행하다 큰 낭패를 보게 된다.

꽃이 화려하면 잎새가 볼품없고
잎새가 무성하면 열매가 시원치 않다.
세상은 결코 모든 것을 한꺼번에 다 주지 않는다.
우리의 삶도 장점이 있으면 결점, 단점이 있기 마련이다.

자신이 추구하는 일에도 장점이 있고 단점, 문제점이 있을 것이다. 자기보호는 먼저 자신의 현실에 감사하는 것이다. 그러면 큰 욕심을 내거나 무리하지 않는다. 아울러 장점을 강화하고 단점과 문제점 등을 시정해나가는 것이 곧 자기보호다.

철저한 준비는 항상 자신의 미래와 언제 닥칠지 모르는 위기와 고난, 시련 등에 미리 대비하는 것이다. 애초에 세상은 공평하게 만들어졌는데, 이러한 자연의 섭리를 무시할 때 문제가 발생한다. 온갖 불법과 비리가 판치는 불공평한 현실이 우리가 사는 세상을 더 살벌하고 험악하게 만든다.

지나치게 자신의 현실에 만족하다가는 어떤 불운과 불행이 닥칠지 모른다. 자기가 지금 하는 일이 언제 갑자기 된서리를 맞게 될지 모른다. 무리하게 비약을 꿈꾸기보다 현재 상황을 안정시키는 것이 더 중요하다. 자기 집을 튼튼하게 지어놓으면 폭풍이나 지진에도 끄떡없다.

현실에서 부딪치는 온갖 시련과 고난을 견디고 이겨내야 한다. 그래야만 성공하고 보람을 느낀다. 그래야만 행복하다. 거듭 얘기하지만 계획을 세워 차츰 노후 대책을 마련해가는 것도 자신의 미래를 위한 확실한 준비다. 노후 대책을 확실히 마련하면 늙는 것이 두렵지 않다. 미리 준비하면 후환이 없다는 '유비무환(有備無患)'은 오늘날 우리의 삶에 꼭 필요한 좌우명이다.

한고조 유방(劉邦)에게 중국을 통일하고 한(漢)나라를 세운 비결을 묻자 "준비하고 기다린 것"이라고 했다. 준비가 됐으면 준비 상태를 수시로 점검하고 유지해나가는 것도 '자기보호'라고 할 수 있다.

한 번뿐인 인생,
두 번째 인생을 준비하라

농사에는 이모작(二毛作)

이란 것이 있다. 대체로 쌀농사에 해당되는 것으로 날씨가 더운 동남아 나라는 1년에 벼를 두 번 심고 두 번 수확한다. 그 것이 이모작이다. 우리나라도 따뜻한 남쪽 지방에서는 쌀과 보리를 이모작한다.

오늘날 100세 시대를 살아가는 우리 인생도 이모작이 필요하다. 직장인들의 평균 퇴직 연령이 49.5세인데, 50세에 퇴직하면 남은 인생 약 50년을 어떻게 살 것인가? 그냥 하릴없이 여생을 보낼 것이 아니라 제2의 인생에 대한 설계가 필요하다.

어떤 사람은 창업을 구상하고, 또 어떤 사람은 자신이 갖고 있는 전문성을 내세워 재취업을 시도한다. 하지만 중년에 재취업은 결코 쉬운 일이 아니다. 창업을 구상하는 사람들은 대개 혼자보다 퇴직한 동료나 친구들과 자금을 합치고 역할을 나눠 동업하고자 한다. 자금도 자금이려니와 그렇게 하는 것이 위험 부담이 적다고 생각하는 것이다.

그런데 내가 경영학자로 오랫동안 지켜본 바에 따르면 그러한 창업이 크게 성공한 경우가 매우 드물다. 대부분 실패한다. 그 까닭을 살펴보면 몇 가지로 요약할 수 있다.

첫째, 아이템 선정이다. 대개 돈벌이에 중점을 둔다. 기업은 이윤 추구가 목적이지만 새로 창업한 작은 기업이 돈벌이에 집착하면 조급해진다. 매출이 안정될 때까지 인내심을 가지고 기다리지 못한다. 초기에 적자가 늘어날수록 동업자들 사이에 분란이 생긴다.

둘째, 동업자 사이의 갈등이다. 중년이 넘어섰으면 이미 자기 개성이 뚜렷하고, 자기만의 고집스런 견해가 있으며 무조건 자기 판단이 옳다는 편견까지 갖고 있다. 따라서 어떤 사안이든 완전한 합의가 되지 않는다. 결과적으로 자기주장이 배척당하면 불만이 커지고, 심지어 자기는 그만둘 테니 투자금을 돌려달라고 한다. 그리하여 위기에 빠지는 것이다.

셋째, 열성 부족이다. 아무래도 중년을 넘어선 사람들은 젊은이 같은 열정이 없다. 나이에서 오는 체면과 자존심까지 있어서 집요하지 못하다. 그 때문에 갈수록 집념이 떨어진다.

집념이 떨어지면 적극성도 떨어져 악착같이 일하지 않는다.

넷째, 인맥 이용이다. 예를 들어 어느 중견 기업의 홍보부에서 광고 업무를 담당하다가 퇴직한 A씨가 비슷한 분야의 퇴직한 동료들과 작은 광고회사를 설립했다. 그는 자신의 인맥을 이용해서 광고를 수주받으려 했다. 인연 때문에 한두 번은 쉽게 거절하지 못하고 광고를 의뢰했지만 그것뿐이었다. 중년이 넘어서면 거래로 얽힌 인연은 차츰 관계가 멀어지기 마련이다.

물론 개인 창업도 있다. 퇴직 후의 개인 창업은 목적이 거의 돈을 벌려는 것이다. 그리하여 그 당시 유행하고 인기가 있는 업종을 선택한다. 이를테면 테이크아웃 커피 전문점이나 치킨집 같은 것이다. 내가 잘될 것으로 판단한다면 많은 사람들이 비슷한 생각을 하게 된다. 그에 따라 같은 업종들이 우후죽순처럼 생겨나 돈도 벌지 못하고 문을 닫는 경우가 많다. 남들이 하지 않는 블루오션(Blue Ocean)을 찾아야 하는데 그것이 쉽지 않다.

또한 자신의 전문성으로 무언가 가치 있는 발명을 하고 그것을 사업화하려는 사람들이 있다. 아이디어는 좋아도 자금이 없기 때문에 자본가를 구하려고 한다. 하지만 지분을 놓고 타협하기가 힘들다. 발명한 사람은 발명을 했다는 이유로, 자본가는 위험을 무릅쓰고 막대한 투자를 했다는 이유로 더 많은 지분을 가지려고 한다. 그렇게 동업하더라도 마침내 발명가가 자본가에게 굴복하는 경우가 더 많다. 자칫하면 아이디어만 빼앗긴다.

요즘은 귀농, 귀어라고 해서 농촌이나 어촌에 내려가 제2의 인생을 살려는 중년들이 많다. 취업난을 겪고 있는 젊은이들도 새로운 꿈을 안고 귀촌, 귀어를 하기도 한다. 농산물 생산을 기업화하고 첨단기술과 새로운 농사 기법으로 기대 이상의 수입을 올리며 성공적인 제2의 삶을 사는 사람들도 적지 않다.

그러나 농업이나 어업의 전문성을 익혀야 하고, 숱한 시행착오를 극복해야 한다. 뿐만 아니라 현지 주민들과 친화 관계를 맺지 못하면 뜻밖에 고전한다. 그렇더라도 자기 고향에 땅이 있다거나 부모가 고향에 거주하고 있는 사람들은 충분히 도전해볼 만하다.

한때 부동산 붐이 일어났을 때, 퇴직하고 나서 공인중개사나 주택관리사 등을 공부해서 자격증을 취득하고 개업하는 사람들도 많았다. 하지만 지금은 부동산도 열기가 많이 식었다. 부동산 침체로 거래가 잘되지 않는다.

반드시 창업이나 개업 등으로 제2의 인생을 설계하라는 것은 아니다.

경제적 여유가 있다면 자신이 가졌던 꿈에 도전하는 것도

제2의 삶이며, 자신이 세운 버킷리스트를

실천에 옮기는 것도 마찬가지다.

또한 퇴직한 뒤 자신에게 주어진 여유 시간에 해외여행을 하는 사람들도 있다.

프랑스의 마크롱 대통령이 국민의 반대를 무릅쓰고 자신의 소신인 프랑스 연금개혁을 추진하면서 "그러나 아무것도 안 하는 것은 해결책이 아니다"라고 말했다.

제2의 인생, 인생 이모작을 위해 무엇인가 시도해야 한다. 아무것도 안 하는 것은 해결책도 아니며, 제2의 인생을 사는 것도 아니다.

다시
배움을 삶의 한가운데로

오늘을 살아가는 노인들의 자조적인 한탄이 있다.

"컴맹의 마지막 세대, 굶주림과 보릿고개의 마지막 세대, 부모님을 모시는 마지막 세대, 제사를 모시는 마지막 세대, 부모와 자식 사이는 돈독해야 한다는 부자유친(父子有親)의 마지막 세대, 자녀들이 독립하는 것이 아니라 부모가 자식들에게 독립해야 하는 마지막 세대."

이런 넋두리를 줄여 말하면 시대의 변화에 따라 기존의 풍조나 상황들도 변하는 것이 아니라 아예 과거를 단절시킨다는 것이다. 노인들의 넋두리가 허튼소리만은 아니다. 노인들은 대부분 컴퓨터를 다룰 줄 몰라도 살아가는 데 큰 지장이 없었지만 지금은 컴퓨터를 다룰 줄 모르면 아무것도 할 수 없다. 자식과 부모 사이에 소통이 단절된 것도 사실이다.

그렇더라도 모든 것을 단념하고 체념하면서 살아갈 수는 없다. 그저 되는 대로 세상을 살아간다면 목숨만 유지할 뿐 아무런 가치도 의미도 없다. '배워야 산다'는 말은 가난했던 시대에 가난에서 벗어나기 위한 것이었지만 오늘날에도 통하는 말이다.

나이가 많아질수록 더욱더 배우는 것이
시대와 세대의 단절을 극복하고 의미 있고 가치 있게 사는 길이다.
배움에는 끝이 없다. 평생 배우며 살아야 한다.

요즘 중년 세대는 보편적으로 많이 배운 세대다. 자신이 원하는 만큼 대학과 대학원에 진학해서 배울 만큼 배웠다. 따라서 배움의 즐거움과 보람을 잘 안다. 가정이 안정되고 자녀들도 성장하고 나면 시간 여유가 생겨 어머니들도 열심히 배운다. 자신의 소양을 위해 인문학을 배우고, 취미생활을 위해 그림, 글씨, 사진, 요리, 운전 등을 배운다.

100세 시대를 살면서 노인들도 배워야 남들에게 뒤처지지 않고 더 오래 산다. 배움과 깨달음은 삶에 큰 즐거움과 보람을 갖게 해서 몸과 마음이 건강해지는 것이다. 지금의 할머니들은 그들이 어린 시절 여자는 배울 필요 없다는 시대적 편견 때문에 초등학교 문턱에도 못 가본 문맹들이 여전히 남아 있다.

그래서 할머니들도 마을회관에 모여 선생님을 모시고 한글부터 배운다. 마침내 한글을 깨쳤을 때의 기쁨은 이루 말할 수 없다. 70세에 한글을 배워 시인이 된 할머니도 있다. 전남 완도 고금면의 황화자 할머니다. 그녀를 '할머니 시인'이라고 부른다. 그녀가 쓴 생활시를 읽어보면 가슴이 뭉클하고 눈시울이 붉어진다.

"……행복했던 장미 인생 비바람에 꺾이니 나는 한 떨기 슬픈 민들레야, 긴 세월 하루같이 하늘만 쳐다보니 그이의 목소리는 어디에서 들을까……."

우리가 잘 아는 조용필이 직접 작곡하고 부른 '일편단심 민들레야'의 노랫말이다. 어느 평범한 70대 할머니가 먼저 세상을 떠난 남편을 그리워하며 쓴 시를 우연히 가수 조용필이 발견하고 노래로 만든 것이다.

현대를 살아가려면 노인들도 배워야 할 것들이 많다. 컴퓨터나 스마트폰도 사용법을 배워야 한다. 노인들은 그러한 첨단기기, 디지털 기기의 사용법을 가르쳐줘도 금세 잊어버린다. 디지털 기기의 개념 자체를 모르기 때문이다. 디지털 기기들에 조금만 이상이 생겨도 꼼짝 못 하고 손자, 소녀에게 물어본다. 가르쳐주면 손자, 손녀들이 똑똑하다며 자랑스럽고 대견하게 생각할 것이 아니라 개념부터 체계적으로 배워야 한다.

서양의 어느 시골 마을의 전통적인 축제에서 마을 노인들이 악기를 연주하는 것을 보면 무척 부럽기도 하다. 우리도 농촌의 마을마다 농악대가 있었다. 전문가들은 아니지만 농촌 주민들이 능숙하게 사물놀이를 즐기기도 했다. 그러나 지금은 그마저 사라져가고 있다. 또한 젊었을 때부터 하고 싶었던 분야를 공부해서 어떤 창의력을 발휘할 수 있다면 더 바랄 것이 없다.

자신이 어떤 분야의 전문가라면 늙었다고 그만두는 것이 아니라 끊임없이 갈고닦아야 한다. 20세기 최고의 첼리스트로 손꼽히는 스페인의 파블로 카잘스(Pablo Casals)는 90세가 넘어서도 하루에 6시간씩 연습했다. 어느 기자가 그 까닭을 묻자 "왜냐하면 지금도 조금씩 발전하는 것을 느끼기 때문이죠"라고 대답했다. 역시 세계적인 지휘자인 미국의 레너드 번스타인(Leonard Bernstein)도 "하루 연습을 안 하면 내가 알고, 이틀 연습을 안 하면 아내가 알고, 사흘 연습을 안 하면 청중이 안다"고 했다.

'배워서 남 주냐?'는 농담도 있지만 내가 배운 것은 내 것이다. 아무도 뺏지 않는다. 불과 30세 정도였던 원시인류의 수명이 40세로 진화한 것은 노인의 필요성 때문이었다. 원시

인류의 할머니들은 자기 경험을 살려 젊은 여성들의 출산을 돕고 그녀들이 먹거리를 구하러 다닐 수 있도록 자녀들을 맡아서 보살폈다. 풍부한 경험을 가진 할아버지들은 무리의 지도자로서 살아 있는 백과사전 역할을 했다. 그로 말미암아 인류는 비약적인 발전을 할 수 있었다.

노인이 무엇인가 배우고 학습하는 것은 '오늘'을 보람 있고 충실하고 뿌듯하게 보내는 것이다. 더구나 끊임없이 두뇌를 활용하고 움직이는 것은 노인들이 가장 두려워하는 치매 예방에도 더없이 좋다.

젊음은 옳고,
나이 듦은 틀린 것?

현대에 이르러 각종 기술이 빠르게 발전하고 있다. 너무 빠르고 눈부시게 발전하면서 새로운 기술들의 용어조차 파악하기 힘들 지경이다. 이러한 비약적인 기술 발전의 핵심은 디지털이다. 나이가 많아서 '꼰대'가 아니라 디지털을 몰라서 '꼰대'다.

노인들을 '디지털 약자'라고 한다. 노인들이 이미 중년이 넘어섰을 때 디지털이 등장했기 때문에 용어도 잘 모르고 개념조차 생소하다. 모두 그런 것은 아니지만 대다수 노인들은 스마트폰의 앱조차 활용할 줄 모른다. 따라서 스마트폰을 이용해서 은행 거래를 하는 방법도 모르고, 항공사 온라인 체크인, 온라인 기차표를 예매할 줄도 모르며, 동영상을 주고받는 것도 잘 모르는 노인들이 많다. 요즘은 식당이나 카페 등에서도 디지털 기기를 이용해 키오스크 주문을 하는 곳들이 많다. 노인들은 당황스럽다.

그러한 디지털 기술들이 하루가 다르게 발전하면서 이른 바 꼰대들을 더욱 혼란스럽게 한다. 최근 챗봇, 챗GPT가 크게 유행하고 있다. 노인들은 물론 50대 중년들도 잘 모르는 사람이 많다. 채팅(chatting)은 이미 오래전부터 보편화됐으니 알고 있을 것이다. 채팅은 카톡과 같이 전자 게시판이나 통신망을 사용해서 여러 명이 실시간으로 모니터 화면을 통해 대화하는 것이다. 말하자면 채팅은 인간과 인간의 소통이다.

그런데 챗봇은 인간과 기계(로봇)가 소통하는 메신저 프로그램이다. 챗봇(Chatbot)은 '수다를 떤다'는 뜻의 'chat'과 'robot'의 합성어이다. 챗GPT는 'Generative Pre-trained Transformer'의 머리글자를 딴 것이다. 대화형 인공지능(AI) 서비스인 챗GPT는 스스로 논리를 구성하고 추론이나 의견 제시까지 한다. 챗봇에 인공지능을 장착해서 인간과 대화하는 것이다.

빅데이터를 기반으로 했기 때문에 이용자가 원하는 제시어를 입력하면 챗봇이 어떠한 질문이든 서술형으로 답변해주어 매우 편리하다. 하지만 문제가 없는 것은 아니다. 각종 시험문제의 해답까지 내놓는 점에 대해서는 교육계도 매우 난처해하고 있다.

'디지털 약자'들이 챗GPT를 이용하지는 못해도 개념은 알아야 한다. 그런데 디지털이 서툰 기성세대들은 배우는 것을 아예 포기한다. 너무 까다로워 가르쳐줘도 이해하지 못할 뿐아니라, 개념 자체를 모르니 알려줘도 곧 잊어버린다.

그럴수록 배우고 익혀야 한다. 시대는 항상 변하기 때문에
우리에게 평생교육, 평생학습이 필요하다.
배워서 깨닫는 즐거움은 그 어떤 즐거움보다 크다.

어느 나이 많은 변호사가 쓴 글이 있다. 그 역시 컴맹이며 디지털 약자였는데 열심히 공부해서, KTX 기차표를 스마트폰으로 예약하고 요금까지 지불했다. 그는 스스로 만족감을 느끼며 예약된 날짜에 예약된 좌석에 앉았다. 그런데 출발에 앞서 어느 젊은 여성이 다가오더니 "여긴 제 자리인데요"라고 하는 것이었다.

서로 스마트폰을 비교해보니 좌석번호가 똑같았다. 그럴 경우 젊은이들은 자기가 맞고, 노인이 틀렸다고 판단한다. 어쩌면 디지털이 서툰 노인이 틀릴 확률이 훨씬 더 높은 것이 사실이다. 이윽고 승무원이 와서 양쪽 스마트폰을 비교했지만 역시 좌석이 똑같았다. 그는 나이 든 변호사가 무엇인가 착각했다고 의심하는 눈초리였다.

그러나 변호사는 자신 있었기에 다시 한 번 확인해달라고 요청했다. 승무원은 두 사람의 스마트폰을 찬찬히 들여다보더니 "여성 손님이 틀렸습니다. 좌석번호는 똑같지만 오늘이 아니라 내일 날짜로 예약됐네요" 하는 것이었다. 젊은 여성은 머쓱해하며 죄송하다는 말을 한마디 남기고 사라졌다. 변호사는 디지털을 익힌 자신이 너무나 자랑스럽고 흐뭇했다고 한다.

배운다는 것은 결코 부끄러운 일이 아니다. 왜 나이 탓을 하는가? 나이가 많다는 것보다 어떻게 살았는가 하는 것이 더 중요하다. 디지털이 아니라도 급변하는 시대에는 배워야 할 것들이 너무 많다. 매스컴에서는 신조어나 줄임말들이 쏟아져 나온다. 그것을 모두 익힐 필요는 없다. 젊은이들이 즐겨 사용하는 신조어나 줄임말은 몰라도 된다.

하지만 실생활에 필요한 경제 관련 용어, 사회에서 통용되는 새로운 용어, 디지털 용어 등은 알아야 한다. 도무지 무슨 말인지 모르겠다고 체념할 것이 아니라 공부해야 한다. 배워서 남 주는 것이 아니라 배우면 내 것이 된다.

공자의 ≪논어≫ 가운데 한 구절이 떠오른다. '학이시습지 불역열호(學而時習之 不亦說乎)', 즉 '배우고 때때로 그것을 익히면 또한 기쁘지 아니한가?'

꿈꾸고 배운다면
100세도 청춘이다

어린이와 학생들에게는 "커서 뭐가 되고 싶니?"라는 질문을 하지만, 기성세대들에게는 불필요한 질문이다. 이미 그들은 무엇인가 되어 있고 자기만의 세계에 살고 있다. 그것을 어느 날 갑자기 바꾸는 것은 결코 쉬운 일이 아니다. 그러나 "당신은 어떻게 살고 싶은가?" 하는 질문은 할 수 있다. 누구나 자기만의 살아가는 방식이 있으니까.

어느 시대이든 현실, 즉 현재 상황이 있다. 국가가 경기침체에 허덕일 수도 있고, 내부적으로 어떤 혼란을 겪을 수도 있고, 전쟁 중일 수도 있다. 또한 새로운 유행이나 풍조가 나타나 전통적인 풍습과 갈등을 일으키기도 한다. 자신이 소속된 공동체에도 일상적으로 변화가 일어난다. 각각의 가정에도 변화가 일어난다. 부부 갈등, 자녀와의 갈등, 갑작스러운 사고나 화재, 자연재해, 경제적 고통 등 많은 변화가 있다.

이러한 현실적 환경들이 저마다의 삶에 크고 작은 영향을 미친다. 때로는 다른 사람의 불행이 나에게는 기회가 되기도 하고, 공동체가 다 함께 곤경을 겪기도 한다. 결국 나름대로 삶을 추구하려고 해도 나 혼자서는 살 수 없는 것이 우리가 사는 세상이다. 그리하여 남을 의식하게 되고 다른 사람과 자신의 삶을 비교한다. 하지만 다른 사람에게 지고 싶지 않은 것이 우리의 본성이다.

그리하여 다른 사람들에게 지지 않고 이기기 위해 온갖 불법, 탈법, 비리, 사기, 횡령, 폭력 등이 자행된다. 그렇지 않으면 많은 사람들이 '척'하며 살아간다. 다른 사람들에게 뒤처지는 초라한 자기 삶을 감추기 위해서다. 없어도 있는 척, 몰라도 아는 척, 고통스러워도 아무렇지도 않은 척, 큰 피해를 입고서도 괜찮은 척하며 살아간다. 남들을 의식해서 안 그런 척하는 모습이 그야말로 안쓰럽고 눈물겹다.

하지만 아무리 안 그런 척해봤자 자신에게 없는 것은 없는 것이고, 모르는 것은 모르는 것이며, 고통스러운 것은 고통스러운 것이다. 남들과 비교해서 자신이 부족하고 뒤떨어진다고 생각할수록 '나는 어떻게 살아야 할 것인가?'를 고민해볼 필요가 있다.

독일의 대문호 괴테는 인간은 나이가 들수록 건강, 일, 친구, 꿈을 잃는다고 했다. 건강이 나빠지고 있으면 건강을 위해 운동하고 질병이 생기면 병원 치료를 해야 한다. 일을 잃었으면 다시 일자리를 찾고, 일 없이 어떻게 살아갈 것인가를 생각하고, 친구가 줄어들면 가까운 친구가 아니더라도 많은 사람과 대화할 기회를 만들어야 한다.

우리에게 '꿈'이란 것은 자신의 욕망이다. 하고 싶은 것, 갖고 싶은 것, 되고 싶은 것 등이 모두 꿈이다. 그러한 꿈에는 적절한 시기가 있다. 꿈꾸는 시기가 있고, 꿈을 실천하는 시기가 있으며, 꿈을 성취하는 시기가 있다.

먼저 현재 자기가 어떤 시기에 있는가를 판단해야 한다. 그다음 그 꿈을 어떻게 할 것인가를 신중하게 결정해야 한다. 그것은 자신의 욕망을 스스로 다스리는 것이다.

아무리 내가 원하는 대로 살고 싶어도 반드시 그렇게 된다는 보장이 없다. 어느 미혼 남성이 예쁜 여자와 사귀기를 소망해도, 미혼 여성이 키 크고 잘생긴 남자와 연인이 되기를 소망해도 반드시 원하는 대로 되지 않는다.

다만 애초에 자신이 선망했던 조건에는 맞지 않지만, 뜻밖에 상대방의 개성이나 독특한 매력에 이끌려서 연인이 되는 경우가 많다. 그처럼 세상이 아무리 힘들고 자신이 원하는 대로 되지 않지만 적어도 한 가지만 확실하게 갖추고 있으면 자신의 꿈과 자신이 살고 싶은 삶의 방향을 포기하거나 체념하지 않아도 된다. 그렇다면 그것이 무엇일까?

바로 자기 자신에 대한 '믿음'이다.

자기가 자신을 믿지 못하면 누가 자신을 믿겠는가?

하늘이 무너져도 자기 자신을 굳게 믿어야 한다.

자신을 믿는다는 것은 '나는 할 수 있다'는 확고한 신념이다.

'나는 나'다. 다른 사람과 비교하지 말고 자신이 세운 삶의 목표를 꿋꿋이 실천해나가야 한다. 욕망이 지나쳐 자신의 역량으로는 도저히 실현할 수 없는 목표를 세우면 안 된다. 자신의 강점이나 장점을 최대한 살리고 현실적인 환경과 나이에 맞게 욕망을 다스리며 실현 가능한 목표를 추진해나가야 한다.

유대인들의 전통적인 교육 지침서 ≪탈무드≫는 "이 세상에서 가장 지혜로운 사람은 누구인가? 어떠한 경우라도 배움의 자세를 갖는 사람이다. 이 세상에서 제일 강한 사람은 누구인가? 자신과의 싸움에서 이기는 사람이다"라고 했다. 확고한 믿음을 가지고 자신과의 싸움에서 이겨야 한다.

another
20
years

챗GPT 시대,
이제는 의식 경영이다

에필로그란 이 책을 마무리하고 피날레를 장식하는 글이다. 어쩌면 본문에서 못다한 이야기를 보충해서 설명하고 싶은 마음이 들 때 여기에 글을 적는다. 내 마지막 피날레는 보이지 않는 자산에 대해서 언급하고 싶다.

본문에서 보이는 미래 자산에 대해 이야기했다면 이제는 보이지 않지만 가장 큰 핵심 자산을 말하고자 한다. 그것은 바로 의식 자산이다. 내 몸에서 의식이 떠나면 우리는 죽었다고 한다. 의식이 회복되면 살았다고 한다. 바로 영혼이다. 거기에 우리의 총체적인 삶의 성적표가 실려 있다. 확인시켜줄 수 없기에 본문에 넣지 않았다.

보이지는 않지만 존재하는 의식의 수준이 바로 우리 삶의 최종 목적이다. 그래서 나는 삶의 목적을 의식 성장이라고 생각해서 2003년에 의식경영컨설팅㈜이라는 교육 회사를 설립했고 의식경영의 창시자가 되었다. 개인과 조직의 의식 수준을 높이는 것이 개인과 조직의 목표라고 보고 의식 변화 교육을 지금까지 해오고 있다.

이 세상에서 가장 큰 투자는 죽어서도 가져갈 수 있는 것이다. 그것은 바로 내 의식 수준이다. 지식수준보다 더 큰 자산이 바로 의식 수준이다. 본문에서도 간혹 언급했지만 우리가 행복하지 않은 것은 의식이 성장하지 않아서다. 뭔가 나아지고 있다는 것을 느낄 때 살아 있다는 기쁨을 느낀다. 욕심으로 커지는 기쁨이 아니라 내 양심이 밝아지는 기쁨이다. 욕심보다는 내 양심과 소통을 더 많이 했을 때 마음 근력이 커진다. 쉽게 말하면 양심 수준이 의식 수준인 것이다.

100세 시대가 축복이고 선물이라고 말하는 이유가 바로 양심 수준을 더 밝힐 수 있는 기회이기 때문이다. 나는 일이 곧 수행이라는 말을 종종 한다. 그래서 평생직업이 있어야 한다고 말이다. 인간은 일과 더불어 성장한다. 일이 있어야 돈, 건강, 사람, 미래, 지식자산이 쌓이기 때문이다.

일은 우리에게 모든 걸 가져다준다. 일을 통해서 수행하게 되고 실적이 쌓인다. 그게 양심 수준이고 의식 수준이다. 그래서 미래 자산 중에 가장 큰 자산이라고 말하는 것이다. 죽

에필로그 : 챗GPT 시대, 이제는 의식 경영이다

어서도 가져갈 수 있으니 말이다.

의식 자산을 키우기 위해 해야 할 작업이 바로 내가 누군지 아는 것이다. 내 강점과 약점을 포함한 나의 정체성이다. 이것을 나는 성격이라고 부른다. 이것이 바로 2003년에 에니어그램코리아㈜를 설립한 이유다. 심리학에서는 에고(ego)라고 한다. 타고난 성격을 알기 위한 작업이다.

내가 학교에서나 일반에서 주로 강의하는 주제인 '나답게'가 바로 에니어그램을 통한 내 성격을 파악하는 것이다. 사람은 성격을 타고나고 그 성격은 죽을 때까지 변하지 않는다. 성격은 좋고 나쁨도 없다. 그냥 다를 뿐 틀린 것이 아니다.

성격에 따라 의식 수준을 높이는 방법이 다르다. 성격 유형별로 두려움과 집착이 다르기 때문이다. 이 두려움과 집착을 내려놓지 못하면 의식 성장이 안 된다. 어두움에 가려 밝음이 밖으로 나오지 못하는 것과 같다. 양심이 욕심에 가려서 의식이 밝아지지 못하는 것이다.

내가 결론적으로 얘기하는 성격과 의식 성장을 위한 도표는 다음과 같다.

x축의 타고난 자신의 성격을 알고, y축의 의식 수준을 성장시키는 것이 우리 삶의 목적이자 미래 준비의 최종 목적이다.

우리는 홀로 왔다 홀로 간다. 그래서 미래 준비에서 홀로서기를 강조하는 것이다. 방학은 쉬고 즐기고 노는 기간이다.

▎완전한 성공

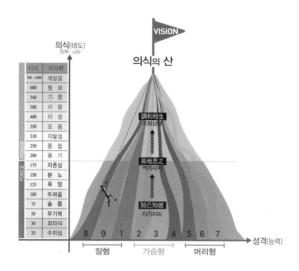

Copyright (c) 윤태익 인 경영연구소 All rights reserved.

학교에 가지 않아도 된다. 누구나 방학을 좋아한다. 자유와 해방을 상징한다.

하지만 한 가지 조건이 있다. 바로 방학숙제다. 놀더라도 방학숙제는 해야 한다.

우리가 지구에 태어난 것은 방학을 맞이하여 놀러온 것이다. 방학숙제를 하러 이 세상에 왔다. 그 숙제가 바로 의식 성장이다. 의식 수준을 높이기 위해 이 세상에 온 것이다.

건강하게 일해서 돈 벌고 자식 키우고 공부하는 모든 것이 바로 의식 성장을 위한 수단이다. 돈 벌고 일하러 세상에 온

에필로그 : 챗GPT 시대, 이제는 의식 경영이다

것이 아니다. 인생의 목적이 아니라 무언가를 위한 하나의 수
단인 것이다.

여기에 언급한 모든 미래 준비 자산은 의식 성장을 하기
위한 수단이다. 그래서 혁신과 혁명 중에 가장 큰 것이 바로
의식 혁명이다.

'백만 송이 장미'에 이런 노랫말이 있지 않은가?

먼 옛날 어느 별에서 내가 세상에 나올 때

사랑을 주고 오라는 작은 음성 하나 들었지

사랑을 할 때만 피는 꽃 백만 송이 피워 오라는

진실한 사랑을 할 때만 피어나는 사랑의 장미

사랑의 꽃 백만 송이 피워 오라는 숙제를 다 하고 난 후에야

그립고 아름다운 내 별나라로 갈 수 있다네.

저세상으로 떠날 때 "아차, 깜빡했다. 방학숙제, 어떡하
지?"라고 후회하지 말고 미리미리 챙기자. 그것이 바로 미래
준비다. 방학숙제를 그냥 숙제로 남길지 축제로 만들지는 내
결심과 행동에 달렸다.

100세 인생, 숙제를 축제로 만들자.

미래는 아름다울 거야

•작사 : 윤태익 •작곡 : 황승일 •노래 : 윤태익

지금껏 나의 앞만 보고 살아왔던 나인데

이제 와서 돌아보니 나의 미래가 보이질 않아

이제는 예전 같지 않아 백 세까지 산다는데

고마운 백 세 인생 행복하게 살아야 해

나의 미래는 내가 꿈꾸는 대로

내가 준비한 대로 이뤄진다고

그래서 결심했어 나의 미래는

내 스스로 준비하는 거야

우린 다 함께 오래 살아야 할 인생인데

즐겁고 행복해야 하지 않겠니

백 세 인생은 축복이고 선물이야

미래는 아름다울 거야

* 표지 저자 소개 하단의 QR코드를 스마트폰으로 스캔하면 노래를 들으실 수 있습니다.

플러스 20년

초판 1쇄 인쇄 2023년 7월 1일
초판 1쇄 발행 2023년 7월 7일

지은이 윤태익
펴낸이 신경렬

상무 강용구
기획편집부 최장욱 송규인
마케팅 신동우
디자인 박현경
경영지원 김정숙 김윤하
제작 유수경

펴낸곳 ㈜더난콘텐츠그룹
출판등록 2011년 6월 2일 제2011-000158호
주소 04043 서울시 마포구 양화로 12길 16, 7층(서교동, 더난빌딩)
전화 (02)325-2525 | 팩스 (02)325-9007
이메일 book@thenanbiz.com | 홈페이지 www.thenanbiz.com

ISBN 979-11-982928-5-8 03190

- 이 책 내용의 전부 또는 일부를 재사용하려면 반드시 저작권자와 ㈜더난콘텐츠그룹 양측의 서면에 의한 동의를 받아야 합니다.
- 잘못 만들어진 책은 구입하신 서점에서 교환해 드립니다.